맨몸 마케터의
성공 노트

맨몸 마케터의 성공 노트

마케팅의 최전선에서 뼈터고 이기는 공식

문수정 지음

포르*세

목차

마케터의

기본기

마인드
무례한 빌런을 대할 때는 피보팅으로

용기
우리는 호구일까?

선택
깨지기 쉬운 마음, 안티프래질

질문
돈이 되는 물음, Why에서 시작되는 성취

무기
신이 모두에게 허락한 시간

마인드

무례한 빌런을 대할 때는 피보팅으로

    얼마 전에 있었던 일이다. 내가 마케팅을 담당하는 A 병원의 원장 주선으로 B 병원의 원장을 만났다. B 원장은 A 병원의 운영이 잘되는 것을 보고, 어느 마케팅 회사와 함께하는지 소개해 달라고 했다. 우리는 몇 주에 걸쳐 비교적 만족스러운 제안서를 철저히 준비했다. 그렇게 만난 그날 미팅은 계약서에 도장만 찍지 않았을 뿐, 도장을 찍은 것과 다름없을 정도로 긍정적이었다. B 원장은 제안 내용을 마음에 들어 하며 미팅 내내 호의적인 태도를 보였다. 약간 상기된 목소리로 "계약서는 언제 줄 거냐. 바로 시작하자. 원래는 마케팅만 생각했는데 당신들 이야기를 들어 보니 홈페이지랑 다른 것까지 맡기고 싶다"라고 하며 호들갑스러운 모습까지 보였다.

무례한 거절을 대응하는 법

나는 돌아오자마자 구체적인 스케줄을 작성하여 날인된 계약서와 함께 발송했다. 하지만 "바로 시작했으면 좋겠다"며 급하게 서두르던 미팅과는 달리, 답신이 오지 않았다. 수신 확인이 되었음을 확인한 뒤 며칠을 기다리다가 먼저 연락을 했다. 한두 번 전화 연결이 되지 않다가, 드디어 통화가 된 순간이었다. "확인해 보셨는지 궁금해서 연락드렸다"는 물음에 돌아온 대답은 다음과 같았다.

"지금 바빠서요, 제가 필요하면 연락할게요."

그렇게 몇 초밖에 안 걸린 통화를 마치고 나는 한동안 어안이 벙벙했다. 미팅 때 계약하겠다는 의사를 분명히 표현했고, 컨설팅 시작 날짜까지 협의를 마친 후라, 일의 시작에 대해 솔직히 의심하지 않았다. 그 예상이 180도 바뀌어서 당황스러웠다. 하지만 '거절이라는 결과'보다 더 당황스러웠던 것은 '거절하는 태도'였다. 마치 나를 빚쟁이 취급을 하던 말투와 "지금은 필요가 없다. 필요하면 연락하겠다"는 차가운 말은 내 존재 전체를 부정하는 것 같았다.

마케팅을 하다 보면 잦은 거절을 경험한다. 고객이나 협력사는 물론, 하다못해 페이스북 계정에게도 거절당한다! 어느 순간부터 내 전화는 '안 받아도 되는 전화'가 된다. 이렇듯 무례하고 일방적인 거절은 나에게 거절당했다는 자괴감을 남기며, 일의 의욕을 꺾어 버린다.

나는 재빨리 이 감정을 떨쳐내야 했다. 이때 사용하는 방법이 피보팅이다. 피보팅(pivoting)은 축을 바꾼다는 의미로, 스포츠에서 한 발을 축으로 몸을 회전해 방향을 전환하듯 생각을 전환한다는 뜻이다. 그렇게 마음을 먹고 나니 오히려 안도할 수 있었다. "이런 사람과 일을 했으면 큰일 날 뻔했다. 애초에 시작하지 않은 것이 다행이다"라고.

그리고 제안을 준비했던 팀과 모여 '거절을 표현하는 좋은 방법'에 대해 아이디어를 나누며(팀 사기에도 영향을 준다), 우리 팀의 그라운드 룰에 반영하기도 했다. "제안해 주신 내용은 감사했습니다. 하지만 미팅 때 생각했던 것과 다르게 이러저러한 이유로 이번에는 함께하지 못하게 됐습니다. 저도 아쉽게 생각합니다. 그래도 마케팅이 필요한 다른 의사들에게 추천해 줄 의향은 있습니다"라고 말했다면 어땠을까라고. 상대방을 완전히 부정하지 않고, 상황만 정리하는 거절 말이다.

마케터의 일터에 청정 지역은 없다

만약 이렇게 말했다면, 다음에 꼭 인연이 닿기를 고대하며, 무엇을 하더라도 잘할 분이라고 진심으로 응원했을지도 모른다. 거절을 하더라도 사람 자체를 거부할 필요는 없지 않은가. 그 상황, 그 제안, 그 요구를 허락하지 않을 뿐이다. 거절의 이유를 알려 주면 그것이 상대방을 성장시키는 기회가 되기도 한다. 거절할 때 응원을 받을지, 아니면 '재수 없는 사람'이라고 저주를 받을지는 나의 선택이다. 이 사실을 깨달은 우리는 이제부터라도 더 나은 방식으로 거절할 것이다. 그리고 결국 응원 받는 삶을 살게 될 것이다. 이렇게 낙심의 순간에서 빠져나와 성장의 성찰을 하고 나니, 오히려 자기 효능감으로 전환되는 경험이 되었다.

마케터로 오래 일하려면 때마다 피보팅이 필요하다. 마케터의 일터에 빌런이 없는 청정 지역은 없다. 내 아이디어에 대한 고집을 내려놓는 피보팅, 문제가 생기면 탓 가리기는 빨리 버리고 대안으로 전환하는 피보팅, 상사가 계획을 바꾸면 또 바뀌었다고 투덜대기 전에 미처 보지 못한 것을 보려는 피보팅, 실패하면 빨리 털고 방향을 바꾸는 피보팅 말이다. 이렇게 하면 어떤 실패의 순간이라도(일이든, 관계든, 감정이든) '다시 성공'으로 엮어 낼 힘을 준다.

분노든 거절이든, 자괴감이든 그 무엇이든 마케터는 부정적인 감정으로 지칠 때가 많다. 이때 피보팅하면 일과 삶에 장기적으로 도움이 되는 방향으로 태세를 전환할 수 있다. 남을 탓하기보다 내가 만들 역사를 향해 집중하면, 마주할 어려움에도 일상이 두렵지 않다. 때마다 찾아오는 거절 속에서 당신의 회복을 응원한다.

　추후 지인을 통해 알게 되었는데, 최소한의 매너도 없이 거절했던 그 병원은 일을 시켜 놓고 대행료를 지급하지 않기로 유명한 블랙리스트였다고 했다. 억 단위 대행료를 받지 못한 곳도 있다고 한다. 얼마나 다행인지!

마케터의

마케터의 노트 ①

생각의 한 페이지를 채워 보자

1) 나는 거절하거나 실패를 경험할 때, 그 상황을 어떻게 받아들이고
   있는가? 개인적인 문제로 받아들이는가, 아니면 배움과 성장을
   위한 과정으로 여기는가? 감정에 휘둘리기보다 상황을 객관적으로
   바라보고, 긍정적인 방향으로 피보팅할 방법은 무엇일까?

기본기

2) 나는 상대방에게 어떤 태도로 거절의 메시지를 전달하고 있는가?
성장의 기회가 되도록 '사람을 거절하지 않고, 상황을 거절한다'는
원칙을 실천하기 위해 내가 바꿀 점은 무엇일까?

이 질문들을 통해 마케터는 거절에서 오는
부정적인 감정을 관리하고, 자신과 타인의
관계를 더 긍정적으로 만들어 갈 수 있을
것이다.

마케터의

용기

우리는 호구일까?

    수년 전, 헤드헌터를 통해 병원에 입사한 적이 있다. 그 병원의 원장은 나를 채용하면서 연봉은 적게 책정하는 대신 병원의 지분을 주겠다고 했다. 헤드헌팅으로 계약이 성사되면 연봉의 10%를 수수료로 줘야 하니 우리에게 득이 안 되는 불필요한 지출을 줄이자는 명분이었다. 하지만 의료인이 아니면 병원의 지분을 소유할 수 없기 때문에 이런 지분 계약은 엄연히 불법이다.

    연봉제를 지분제로 바꾼 것은 수수료를 줄이겠다는 얄팍한 속셈이었는데, 그 달콤한 불법 제안을 나는 받아들였다. 입사 후 나는 지분 소유자(?)라는 것을 증명하려고 하루에 12시간씩 일하며, 1년 동안 할 컨설팅을 6개월 안에 끝내겠다는 독한 각오로 밤낮없이 몰두했다. 이런 내 모습에 그는 만족했다. 하지만 6개월이 지날 무렵, 의사와 사무장이 병원 소유권 문제로 민사 소송을 벌이며 진흙탕 싸움이 커졌다. 결국 병원이 진료를 중단하게 되면서 어쩔 수 없이 퇴사하게 되었고, 지분에 대한 대가는 한 푼도 받지 못했다. 그때 나는 지분이라는 유혹에 속아 열정 페이만 받는 직원이었다.

주머니를 조이는 건조한 삶

애덤 그랜트(Adam M. Grant) 교수는 사람을 기버(Giver), 테이커(Taker), 그리고 매처(Matcher) 3가지로 분류한다고 했다. 기버는 퍼 주는 사람, 테이커는 빼앗는 사람, 매처는 기브 앤 테이크를 하는 사람이다. 기버와 테이커가 각각 약 10%를 차지하지만, 나머지 매처가 약 80%를 차지한다고 한다. 또 하나 재미있는 사실은 상위 10% 부자들도, 하위 10%의 가난한 사람들도 모두 기버에 속한다는 사실이다.° 차이라면 하나, 상위 기버는 호인이고 하위 기버는 호구인 것. 그래서 이런 순진한 소수인 호구 같은 일을 당하고 나면 자책과 함께 억울한 심정이 들어 순간적으로는 "이제 이렇게 살지 않겠다"라고 섣부른 다

°   애덤 그랜트, 『기브 앤 테이크(생각연구소)』

짐을 하게 된다. 그러면서 "당하지 말아야지, 손해 보지 말아야지" 하며 매 순간 주머니를 여미는 건조한 삶을 살아간다.

최근 면접을 보다 보면 이런 가치관을 반영하는 지원자들을 종종 마주할 때가 있다. 아예 "투잡이 가능하냐? 회사에는 영향을 안 미칠 거다(당연히 안 된다. 회사에 영향을 주면서 투잡하는 당신을 뽑으라는 건 도둑 심보이지 않나)" "월급은 월급대로 받되, 개인사업이 있으니 주 1회만 출근해도 되냐(이건 또 무슨 무논리지?)" 같은, 요즘 구직자들의 당당한 요구(?)는 나를 너무 당황스럽게 한다. 이제는 흔해져 버린 N잡 돌풍은 하나의 직장에만 올인하지 않겠다는 이들에게 능력 있는 사람이라는 착각을 심어 준다. 물론 지금 세상이 월급만으로 원하는 미래를 설계하기엔 현실적으로 너무 어렵다는 것을 부정하는 것은 아니다. 하지만 일에 몰입해야 할 시기에 '호구 잡히지 않으려고, 손해 보지 않으려고' 간 보듯이 면접 보는 이들을 보면 좀 씁쓸한 것이 솔직한 마음이다.

마케터로 일하다 보면 성과가 난 후 인센티브를 후하게 주겠다며 초기 대행료를 무식하게 깎는 기업도 만나고, 내가 한 일이 선배의 공으로 돌아가는 억울한 순간도 겪게 된다. 이렇게 어딘가 모르게 손해를 보고 마는 일이 반복될 때면 내가 호구는 아닐까 싶은 생각에 씁쓸해 하기도 한다. 그런가 하면,

기본기

그런 호구들을 비웃기라도 하듯 자신의 이익에는 한 치의 손해도 허락하지 않는, 계산 빠르고 이해득실에 민감한 사람들도 있다. 자기가 커피를 살 때는 아메리카노를 마셔도, 남이 산다면 블론드 바닐라 더블 샷 마키아토 프라푸치노를 마셔야 직성이 풀리는 사람들이다.

강자에게 약하고 약자에게 강한 사람이 있다. 앞뒤 없이 무리하게 도와주고는 생색을 내거나, 몰라준다고 상처받는 사람이 있다. 이익이 있을 때는 선행을 베풀다가, 없겠다 싶으면 돌변하는 사람이 있다. 뷔페에 가면 욕심의 크기만큼 무리하게 음식을 담고, 많이 남기는 사람이 스쳐 지나간다. 그런데 일하다 보면(아니, 살다 보면이 더 맞겠다) 이들처럼 그 순간에 내 손에 더 많이 쥐었다는 쾌감이 들지라도, 그것이 내 삶을 궁극적으로 풍요롭게 만들지는 않았다.

빼앗기는 삶을 결심하다

마케터는 날밤을 새며 쏟아부은 노력의 성과가 나중에 나오기도 하고, 조용했던 브랜드가 갑자기 역주행하여 재조명되기도 한다. 때문에 당장 호구가 되지 않으려고 발버둥을 치는 사람보다, 멀리 보고 살아남는 사람이 승자가 된다. 이를 악용하는 사람에게 이용당하라는 것은 아니다. 하지만 더 나누고, 내가 조금 더 물러서고, 양보하면 그것이 지칠 때쯤 커다란 선물이 내게 온다.

내가 그랬다. 다 퍼 주었다 싶을 때 무일푼으로 회사를 인수하게 되었고, 기대보다 큰 수익을 얻었으며, 금메달 같은 직원들이 내게 왔다. 그 후 뭔가 순간적으로 손해다 싶을 때에도 알고도 눈 감는 일이 생겼다. 한 번이라도 더 사고, 더 하고, 더 참았다. "하늘 창고에 쌓았다가 나중에 받아야지" 하며 보험이라고 생각했다. 마케터라면 경험과 시간을 타인에게 뺏기는 물러남과 여유가 필요하다. 그럴 때, 마치 작용 반작용의 법칙처럼 물러난 이상으로 튕겨 나가는 힘이 생긴다. 뺏긴 양이 넘치기 전까지 호구의 삶은 지속되는 것이다.

나는 앞으로 더욱 기꺼이 뺏기는 삶을 살 것이다. 상위 10%에 있는 사람으로 가기 위해 아낌없는 기버의 삶을 살 것이다. 비슷한 평균 수준이 아니라, 수준을 뛰어넘게 베풀고 싶다. 지금보다 더 기다리고(시간 기버), 밥을 사고(돈 기버), 도움이 필요한 사람에게 관심을 두고(마음 기버) 기꺼이 나의 것을 내어놓겠다.

하지만 누구에게나 주는 기버가 되지는 않겠다. 더 냉정하게 관찰하고, 시간을 내어 구분해 낼 것이다. 받은 만큼만 갚

기본기

19

는 매처나 받기만 하는 테이커는 거르고, 줄 사람에게 주려고 할 것이다. 하지만 그럼에도 불구하고 상대가 받기만 하려고 할 때, 분명히 자신의 이익만 보는 사람임이 느껴져도, 나는 매처처럼 행동하지 않고 몇 번의 기회를, 더 너그럽게, 조금만 더 기다릴 것 같다.

마케터의 노트 ②

생각의 한 페이지를 채워 보자

1) 나는 내 행동이 상대에게 어떤 영향을 주는지 돌아보고 있는가? 내가 베푸는 방식은 진정성 있는 것인가, 아니면 계산적인 이익을 기대한 행동인가?

기본기

2) 나는 '호구처럼 보이기'를 두려워해 진정한 베풂과 양보를 놓치고
있지 않은가? 장기적인 관점에서, 지금의 양보와 손해가 결국 나를 더
성장시키고 풍요롭게 만들 기회가 될 수 있다고 생각하는가?

·이 질문들은 마케터로서 자신이 처한 상황과
행동을 되돌아보게 하며, 단기적인 손해와
장기적인 성장을 균형 있게 바라볼 수 있도록
도와줄 것이다.

마케터의

선택

깨지기 쉬운 마음, 안티프래질

"언제까지 이렇게 매출 스트레스 속에서 살아야 하나요?"

내과 경영 10년 차인 한 원장의 푸념이다. 병원 매출을 올려 주는 마케팅을 하는 나는 종종 원장들에게 매출에 대한 넋두리를 듣는다. 그럴 때마다 잘 넘겼는데, 그날은 쉽게 넘기지 못했다. 몇 년 전 이 병원을 처음 맡았을 때는 월 매출이 3,000만 원도 되지 않았다. 그때는 5,000만 원만 되어도 소원이 없겠다고 하더니, 최근 평균 7,000~8,000만 원을 유지하다가 이번 달 6,000만 원 중반대가 나오자 격한 불만을 토로했다. 월말 결산 보고를 하러 갔을 때, 매출 변동 폭이 스트레스

기본기

라며 눈도 마주치지 않고 하던 말이다. 툴툴거리는 그의 모습에 처음으로 그가 미워지기 시작했다. 억울함과 원망이 빠르게 올라왔다. "물에 빠진 놈 건져 놓으니까 내 봇짐 내놓으라 한다더니, 이게 그 말이구나!" 그동안 묵묵히 감당했던 고생들이 떠올랐다.

대표님이 웃으면 좋겠어요

"리더의 그릇이 매출의 그릇이다!"라는 말이 목구멍까지 올라왔지만 억지로 눌러 삼켰다. 며칠 뒤, 컨설팅이 한창 진행 중인 다른 병원에 방문했다. 보통 컨설팅 초기에는 직원들에게 동기를 부여하기 위해 그들이 원하는 복지를 도입하거나 개선하기도 한다. 병원은 진료일이 주 6일이기 때문에 대부분의 병원 직원들은 주 6일 근무를 한다. 최근엔 병원도 주 5일제가 늘어나긴 했으나, 이 병원은 아직도 주 6일제를 고수하고 있었다. 이 직원들의 바람은 단 하나였다. "우리도 주 5일제 하면 더는 바랄 게 없어요." 나는 힘들어하는 직원들을 생각하며, 원장을 6개월 동안 어렵게 설득해 주 5일제를 도입하는 데 성공했다.

그 후 몇 달이 지났을까? 그날 스태프 미팅을 하러 들어

갔을 때, 실장이 굳은 표정으로 내게 말했다. "주 6일 할 때가 좋았어요. 지금 너무 힘들어요." 그 무렵부터였던 것 같다, 슬럼프가 시작된 것이. 성과에 만족하지 못하는 끝없는 욕구, 아니 욕심이 지겨워졌다. 나야말로 언제까지 이 곡소리를 들어야 하느냐는 회의감이 몰려왔다. 고객이 배가 터질 때까지 먹어도 배고픈 돼지 같아 보였다. 마음의 상심이 회복되지 않았고, 일이 손에 잡히지 않았다. 갑자기 집중력과 기억력이 저하되고, 멘탈은 유리잔 깨지듯 부서져 심한 무기력으로 아무것도 하지 못한 채 그저 하루하루를 때워 나갔다. 얼굴에 웃음기가 사라진 채 기계처럼 회사를 드나든 지 얼마나 되었을까? 나를 유독 잘 따르던 직원이 조심스럽게 말을 건넸다. "대표님, 좀 더 마음의 여유를 가지시면 안 돼요? 대표님이 웃으면 정말 좋겠어요."

내 안의 더 큰 욕심을 마주하다

잘 굴러가던 일상의 궤도에서 나를 이탈하게 만든 이유가 다른 사람들의 욕심 때문이라고 원망하며 비난했다. 성과가 좋아져도, 매출이 올라도 만족하지 못하는 고객 탓으로 돌렸다. 그런데 그날 내 안의 더 큰 욕심을 봤다. 좋은 성과를 내야 한다는 욕심, 내가 이만큼 했으니 인정받아야 한다는 욕심, 사람들이 좋은 평가만을 해 줘야 한다는 욕심들이 덕지덕지 붙어 있었다는 것을. 사실 나는 두려웠다. 성과가 없으면 계약을 그만둘지도 모른다는 두려움, 직원들을 이끌지 못할지도 모른다는 두려움, 실패할지도 모른다는 두려움 때문에 무리한 욕심을 부렸다.

욕심은 분노가 되고, 분노는 독이 되어 독 품은 전갈에 물린 것처럼 사고를 마비시킨다. 사람들은 잘 차려진 집밥을 보면 '식당 밥 같다'고 칭찬하고, 맛있는 식당 밥을 보면 '집밥 같다'고 말한다. 손에 없는 것을 바라는 것이 본능일까? 불만족은 특별히 악의 없는 사람들의 삶과 입에도 배어 있다. 점심시간에 나누는 일상 수다에서도 불만 이야기를 빼면 할 수 있는 대화가 몇 개나 남을까? 사람들의 습관적인 불만 피드백은 흔한 것이고, 그것이 나의 실패를 의미하지는 않는다.

내가 스스로 부서지지 않도록

『블랙 스완(동녘 사이언스)』의 저자 나심 니콜라스 탈레브 (Nassim Nicholas Taleb)는 충격을 가하면 '깨지기 쉬운'이라는 뜻의 프래질(fragile)에 반대라는 의미의 접두어 '안티(anti)를 붙여 '안티프래질'이라는 신조어를 만들어 냈다. 그러면서 "바람은 촛불 하나를 꺼뜨리지만 모닥불은 살린다. 무작위성, 불확실성, 카오스도 마찬가지다. 나는 당신이 이런 것들을 피하지 않고 활용하기를 원한다. 불이 되어 바람을 맞이하라"라고 말했다. 충격을 받으면 오히려 더 강해지는 현상이다. 배고픔이 발전을 낳고, 소음이 있을 때 오히려 집중이 깊어지니, 적당한 실패는 단단함을 길러 준다고 말한다. 악플 한 줄에 무너지는 유튜버는 프래질, 악플이 무플보다 낫다며 악플을 영양제 삼아 성장하는 유튜버는 안티프래질이다.

이 부분의 공감을 넘어 더욱 내가 중점을 둔 것은 작가가 세상을 받아들이는 태도다. 작가의 태도는 선택에 있어서 이익과 손실 모두 고려해야 한다고 말한다. 자신의 선택은 리스크에 지배받아선 안된다. 가변성은 인간임을 나타내는 속성이다. 항상 실패를 고려하며 선택을 해야 하고, 과도한 리스크는 우리의 선택을 제한한다. 결국 이런 스트레스 상황을 일어나지 않게 할 수는 없지만 내가 스스로 부서지지 않도록 선택할 수는 있다. 안티프래질한 사람은 결과를 예측하지 않고, 그 결과를 걱정하지 않는다. 이탈마저 도움이 된다고 받아들인다. 그런 경우 가변성, 무작위성, 불확실성, 스트레스를 피하지 말고 잘 활용할 수 있다고 저자는 말한다.

기본기

27

소비자, 고객, 시장 속에서 반응을 빚는 일을 하다 보면(아니, '살다 보면'이 더 맞겠다) 무작위적이고 불확실한 바람과 충격이 가해지는 상황에 상시 노출된다. 타인의 불만 섞인 피드백도 이런 바람 중 하나일 뿐이다. 그러니 내가 조절할 수 없는 것에 부서지지 말자. 당시의 나는 부정적인 피드백을 인정하면 실패를 허락하는 꼴이 될까 봐 강박적으로 그 감정을 거부했다. 그냥 잠깐만 멈춰 볼 것을. 원장과 직원들이 불만을 말해도 '그래, 그럴 수 있지'하며, 잠깐 멈춰 호흡하면 될 것을. 단 한 번도 나를 들여다볼 여유도 없이 무작정 감정에 휩싸여 너무 내몰리고 있었다. 나를 가장 많이 이해하고 허용해 줘야 하는 건 나 자신인데, 그동안 내가 너무 힘들었을 것 같다. 등이 굳고, 잠을 못 자고, 위가 아파 먹지를 못하고, 힘들어도 쉬지 못할 때 알아차릴 걸. 너무 외면했다. 이 정도는 혹사시켜야 원하는 걸 얻어 낸다고 착각했다. 그 혹사 때문에 작은 거절에도 그렇게 분노했나 보다.

잘리면 어때? 잘 안 되면 좀 어때?

앞으로도 나는 더 잘하려고 노력할 것이고, 좋은 것을 원하고 바랄 것이다. 하지만 모두를 만족시키겠다는 아집, 작은 실패도 허락하지 않겠다는 그 집착은 내려놓겠다. 그럴수록 깨지기 쉬워지니까. "수정아, 괜찮아. 클라이언트한테 잘리면 어때? 안 하면 좀 어때? 까짓것 상처 좀 받으면 어때? 잘 안 되면 좀 어때? 충분히 잘했어. 지금처럼 하면 돼"라고 스스로를 안아 주면 오히려 단단해지는데. 흔들리던 마음이 제자리를 찾아가는데. 그게 그렇게 어려웠다. 하지 못했고, 내게 허용해 주지 못했다.

고객을 만족시켜야만 한다는 의무감은 역설적으로 나의 권리이기도 하다. 고객의 말 한마디에 마음이 들썩이는 사람이라면 이미 최선을 다하고 있는 사람이다. 그러니 이제 인정받아야 한다는 바깥의 시선 앞에서 좀 더 관대해지길. 내면에 집중해서 어제의 나, 과거의 나보다 성장했다면, 문제와 씨름하며 새로운 방법을 모색했다면, 그 자체로 이미 큰 성과다. 나는 여전히 오늘도 시간의 테스트를 통과해 살아남았고, 내 존재는 매출이나 누구의 평가로 완성되는 게 아닌 그 자체로 이미 충분하니까. 그럴 때 안티프래질한 나를 만날 수 있으니까.

마케터의 노트 ③

생각의 한 페이지를 채워 보자

---

1) 내가 두려워하는 실패는 무엇이며, 그 두려움이 나의 선택과 행동을
   어떻게 제한하고 있는가? 실패를 피하려는 마음이 나의 도전과 성장을
   가로막고 있지는 않은가? 두려움에도 불구하고, 내가 지금 실험해 볼
   수 있는 작은 변화는 무엇인가?

마케터의

2) 나는 나 스스로에게 얼마나 관대하고 여유로운가? 모든 것을 완벽히 해내야 한다는 강박이 나를 소진하고 있지는 않은가? 지금까지의 노력과 성과를 인정하며, 나 자신을 이해하고 허용해 주는 시간을 갖고 있는가?

이 질문들은 마케터들이 자신을 돌아보고, 어려움 속에서도 더 단단해질 수 있는 마음의 유연성과 내적 성장을 모색하는 데 도움을 줄 것이다.

기본기

질문

돈이 되는 물음, Why에서 시작되는 성취

디자이너가 작업한 결과물이 업무 기한에 맞춰 노션에 업로드됐다는 알림이 왔다. 결과물을 처음 봤을 때, 한마디로 실망이었다. 겉으로 드러난 디자인의 완성도 뿐 아니라, 그것이 우리 프로젝트의 목적에 얼마나 부합하는지 조차 의심스러웠다. 해당 직원을 불러 문제점을 언급하며, "이게 과연 우리의 목적에 맞는 결과물인가?"라고 질문하자 담당자는 다음과 같이 답했다.

A   "시간이 너무 빠듯해서 어쩔 수 없었습니다."
문   "결과물의 퀄리티가 안 좋은 이유가 시간이 부족해서라는 것은 단지 당신의 변명 아닌가요? 결과물의 퀄리티를 위해 시간이 부족하다면, 시간이 더 필요하다고 말을 해야죠."

A   "제시해 주신 기한을 무조건 맞춰야 하는 줄 알았습니다."

일상의 모든 마케팅은 설득이다

그날 대화가 이것이 전부는 아니지만 대략적인 맥락은 위와 같았다. 만약 일이 시작되기 전에 담당자가 다음과 같이 말했다면 어땠을까?

"이 디자인의 목적은 고객 전환율을 높이는 것입니다. 그러려면 이 레퍼런스 정도 수준의 결과물이 나와야 하는데, 이를 위해서는 시간이 약 ○○ 정도 필요합니다. 만약 시간을 더 앞당겨야 한다면 일부 외주, 협력, 업무 분장 등 추가 자원이 필요합니다. 이 부분이 보강된다면 기한을 맞출 수 있습니다. 왜냐하면 이 레퍼런스는 기존과 다르게 이러한 기능이 포함되어 있어 기존 방식보다 더 많은 시간과 몰입이 요구되기 때문입니다."

기본기

이런 접근이었다면 나는 합리적으로 판단해 시간을 더 주거나 기한을 맞추기 위해 자원을 투입하는 결정을 했을 것이다. 디자인은 내가 고객을 설득하고, 고객은 다시 그들의 고객을 설득해야 하는 도구인데, 단지 기한에 맞췄다는 이유로 설득이 되지 않는 수준의 디자인을 가지고 나타나는 것은 이해하기 어렵다.

우리는 원하든 원하지 않든 매일 마케팅을 한다. 상사나 동료에게 내 의견을 관철시키는 것도, 월급을 올려 받는 것도, 중국집에서 주문한 탕수육이 내 접시에 더 많이 담기게 하는 것도 모두 마케팅이다. 마케팅은 설득의 과정이다. 설득을 잘하는 사람이 결국 일을 잘한다. 고객이 원하는 것을 알고, 발생할 문제를 미리 검토하면 일이 쉬워지고 빨라진다. 다시 수정하거나 보완할 일이 줄어든다. 이때 설득에서 가장 중요한 것은 바로 '왜(why)'이다.

'왜냐하면 효과'는 하버드대학 심리학자 엘렌 랭어(Ellen J. Langer)의 실험에서 확인할 수 있다. 복사기 앞에서 줄을 서 있는 사람에게 양보를 요청한 실험이다. 첫 번째 그룹은 "죄송하지만 제가 지금 다섯 장을 복사해야 하는데 먼저 복사기를 사용하면 안 될까요?"라고 요청했다. 두 번째 그룹은 같은 말에 "왜냐하면 바쁜 일이 있어서요"를 덧붙였다. 결과는 첫 번째 그룹의 양보율이 60%였던 반면, 두 번째는 94%에 달했다. 심지어 세 번째 그룹은 "왜냐하면 제가 꼭 복사를 해야 하거든요"라는 말도 안 되는 이유를 제시했음에도 양보율이 93%로 나타났다. 물론 엉터리 이유를 대라는 뜻은 아니다. 이 실험은 '왜'라는 정당한 설명이 상대방의 저항을 허물고, 인간의 수용성과 협력을 끌어내고 있음을 보여 준다.

우리의 일에 '왜(why)'가 필요한 이유

일의 과정에서 '왜(why)'를 언급하는 것은 목적에 부합한 정당한 요구를 제시하는 것이기에, 이는 협력과 팀워크를 강화한다. 담당자는 피해자의 입장에서 변명할 필요가 없고, 서로 어떤 역할을 해야 하는지 알게 된다. 이를 통해 일의 순서와 과정까지 명확히 할 수 있다. 비난과 인신공격으로 끝날 말도, '왜'를 넣으면 상호 성장을 이끌어 낸다.

'왜'의 중요성은 단순히 설득의 기술을 넘어 개인과 기업의 성패를 좌우한다. 오리온의 '초코파이 정' 광고로 유명한 이용찬 마케터는 노자의 『도덕경』을 통해 경쟁 대신 존재 이유를 강조하는 마케팅 철학을 설파했다. 그는 "수많은 제품과 기업

중 당신의 기업(또는 당신 자신)이 왜 존재해야 하는가?"라는 질문에 답할 수 있는 기업과 브랜드만이 살아남는다고 말했다.°

현대 소비자는 단순히 상품력을 넘어 브랜드의 존재 이유에 공감하고 선택한다. 예를 들어 춘천 감자빵의 이미소 대표는 농촌 문제를 해결하려는 사명감에서 출발해 작은 사업을 연 매출 100억 원 규모로 성장시켰다. 그가 가진 '왜'가 고객의 공감을 얻었기 때문이다.

결국 '왜'라는 질문은 마케터로서의 일뿐만 아니라 우리의 삶을 바꾼다. "나는 왜 이 일을 하는가? 이 일의 목적은 무엇인가? 고객은 이것이 왜 필요한가?"라는 질문의 답을 알고 시작한다면, 게임에서 절대 밀릴 수 없다. 설득은 단순히 동의를 구하는 것이 아니라, 공동의 목표를 달성하는 상생(원원)의 과정이다. 마케팅에서 '왜'는 가장 강력한 설득 도구이자 성공의 열쇠다.

○　　　이용찬, 『노자 마케팅(마일스톤)』

마케터의 노트 ④

생각의 한 페이지를 채워 보자

1) 나는 지금 내가 하는 일의 '왜(Why)'를 충분히 이해하고 있는가?
   내 업무가 '기한 맞추기'나 '지시'에 그치지 않고, 고객, 팀, 회사, 나
   자신에게 어떤 가치를 제공하는지를 이해하고 있는가?

기본기

2) 상대방의 '왜'를 충분히 신경 쓰고 있는가? 내가 제안할 때, 상대방이
   그럴 이유와 필요성을 충분히 전달하고 있는가? 상대방의 역할이
   조직의 관점과 전략에 어떻게 연결되는지 파악하고, 더 협력할 수
   있게 도와주는가?

이 질문들을 통해 서로 상호 관계의 관계를
이해하고, 협력자 신뢰를 쌓는 방식을 해결할
수 있을 것이다.

무기

신이 모두에게 허락한 시간

어느 날, 직원이 나를 옥상으로 불러냈다. 새로운 회사에 입사한 지 며칠 안 된 날이었다. 긴장된 마음으로 따라 올라간 15층 꼭대기 옥상에서 그가 첫마디로 말했다. "이 회사, 너무 문제가 많아요!"

그렇게 회사의 불만과 불평을 토해 낸 지 몇 번째인지, 그날도 어김없이 옥상에 가자고 했다. 자기가 봤을 땐 이게 맞고 저게 틀리고, 왜 저러는지 모르겠다며 온갖 문제를 거론했다. 경청하며 무심결에 끄덕이다 보니, 직접 경험한 것이 없음에도 나도 뭔가 심히 잘못된 곳에 입사했나 하는 의구심이 마음에 틈을 냈다. 색안경을 끼고 그렇게 이리저리 눈치 보며, 작은 불협화음에도 예민하게 반응했다. 그렇게 부화뇌동 되어 불만이 커지던 어느 날 아침, 무심코 펼친 성경책의 한 구절을 보고 나는 머릿속이 하얗게 변했다.

"비판을 받지 아니하려거든 비판하지 말라(마태복음 7:1)"

희망 연봉 이상의 대우를 받는 사람

깜짝 놀라 나도 모르게 성경책을 덮었다. 그리곤 곰곰이 생각했다. "내가 지금 마주하는 문제 때문에 그만두고 다른 곳에 간들, 이런 일이 또 없을까? 정말 지금 이곳을 포기할 만한 이유가 있는 건가?" 마땅히 답을 찾을 수 없었다. 순간, 이도 저도 아닌 애매하게 간을 보며 하루를 때우는 시간이 아까웠다. 그래서 모든 일을 문제로 보지 않고, 과제로 보자고 마음먹었다.

그 이후로 나는 누군가 다시 옥상으로 가자고 하면 정중히 거절하며, 벙어리 3년, 귀머거리 3년 정신으로 괜한 감정 소모 없이 성실하게 매일을 쌓아 갔다. 개선할 점이 보이면 감정을 싣지 않고, 팩트를 기반으로 모두가 있는 자리에서 얘기했다. 그렇게 마음을 바꾸고 일에 전념하자 일이 재밌어졌을

뿐만 아니라, 일이 힘들지 않았고 더 나은 결과를 위해 열정적으로 탐구하며 몰입하는 단계로 들어섰다. 자연히 내게 맡기는 클라이언트가 늘었고, 평가도 날로 좋아지면서 '일하는 맛 = 성공감'을 느끼게 됐다. 나는 매년 희망 연봉을 제시하지 않아도 희망 연봉 이상의 연봉을 제안 받는 사람이 되었다. 연봉을 떠나, 그 무렵 나는 열정적인 하루 속에서 얻는 일의 보람이 무엇인지, 일을 통해 나의 존재를 찾는다는 것이 무엇인지, 일이 주는 재미와 행복이 무엇인지 알게 되었다.

일은 행복하다. 동서고금을 막론하고 행복론의 중심에는 '일(노동)'에서 오는 행복이 있다. 일에는 생계를 유지하는 급여 이상의 의미가 있기 때문이다. 진정한 동기부여가 금전적 보상만이 아니라는 사실은 심리학자 에드워드 데시(Edward Deci)의 실험에서도 확인할 수 있다.° 데시는 학생들을 두 그룹으로 나눠 퍼즐을 가지고 노는 실험을 했다. 첫 번째 그룹에는 아무 보상도 제공하지 않았고, 두 번째 그룹에는 퍼즐을 완성할 때마다 현금 보상을 해 주었다. 두 번째 그룹은 보상을 받는 동안 더 열심히 퍼즐을 맞췄다. 그러나 보상이 사라지자, 그들은 흥미를 잃고 퍼즐을 맞추는 시간이 급격히 줄었다. 반면 첫 번째 그룹은 이전과 같은 몰입 수준을 유지했다.

○   에드워드 데시, Effects of externally mediated rewards on intrinsic motivation, 1971.

기다림을 이겨 내는 습관

일도 마찬가지다. 금전적 대가만으로는 깊이 있는 접근과 유지가 어렵다. 월급 때문에 일하는 사람은 "내가 이 월급 받으려고 이 짓까지 해야 하나?"라는 말을 하며 메뚜기 이직을 반복하는 경우가 많다. 삶의 질을 끌어올리는 가장 쉬운 길은 주인 의식을 갖는 것이다.

심리학자 미하이 칙센트미하이(Mihaly Csikszentmihalyi)는 놀이와 일이 본질적으로 동일한 메커니즘을 가진다고 주장한다. 의무감이 아니라 자발적으로 일에 몰입하면, 이는 행복으로 이어진다. 삶의 질은 결국 일상에서 경험하는 것이다. 자신의 일을 사랑하고, 의미를 찾으며, '자기 목적성'을 가진 사람은 그 활동 자체에서 보람을 느끼며 몰입한다. 예를 들어 뉴턴은 "중력의 법칙을 어떻게 발견했는가?"라는 질문에 "한 가지만 생각했다"고 답했고, 아인슈타인은 "몇 달이고 몇 년이고 그것을 생각했다"고 말했다. 이런 몰입은 노예로 보내던 시간을 자유의 초석으로 바꾼다.

"엉덩이가 무거워야 한다"는 흔한 동기 부여 문구는 실은 깊은 통찰이다. 불합리한 대우나 비인격적인 문제가 아닌 이상, 힘들어서 그 시간을 피하면 다시 제로에서 시작해야 한다. 기다림을 이겨 내는 습관은 시간이 지날수록 힘이 된다. 장기

마케터의

적인 노력은 어느 순간 재능을 넘어선다. 나 역시 마케팅이 재미있어지기까지 10년이 걸렸다. 대표의 발소리만 들어도 심장이 요동치던 3년간의 업무는 나의 기반이 되었고, 암이라도 걸리고 싶다는 망언을 하며 버틴 또 다른 3년은 나를 임원으로 만들었다. 이후 밤낮없이 공부하며 채운 3년은 회사를 인수할 기회를 주었다.

『그릿(비즈니스북스)』의 저자 앤젤라 더크워스(Angela Duckworth)는 끈기의 중요성을 강조했다. 끈기는 단순히 오래 버티는 것이 아니라, 몰입과 집요함을 가지고 시간을 의미 있게 만들어야 한다. 나의 경험에 비추어 봐도 몰입한 시간이 누적되어 농도가 진해졌을 때, 클라이언트가 나를 신뢰하고 주도권을 갖게 되었다. 이러한 경험과 성취감이 내가 이 일을 좋아한다는 사실을 깨닫게 해 주었다.

시간은 인생을 바꾸는 무기다. 변화는 한 번에 일어나지 않는다. 매일의 충실함이 쌓여 큰 변화를 만든다. 그래서 현재의 시간만큼 소중한 것은 없다. 돈은 벌거나 아끼면 되지만, 시간은 모을 수도 없기 때문이다. 그래서 나는 오늘도 묵묵히 시간을 누적하며, 오늘의 작은 성실을 또 한 겹 쌓아 올린다.

기본기

마케터의 노트 ⑤

생각의 한 페이지를 채워 보자

1) 지금 내가 투자하는 시간은 나의 성장을 이끌어 내는 시간인가, 아니면
단지 월급과 맞바꾸는 소모적인 시간인가?

2) 내가 포기하고 싶은 순간, 시간을 더 투자했을 때 무엇을 얻을 수
   있었는지 떠올려 보자. 포기하고 싶을 때, 그 일을 조금 더 버텼을 때
   어떤 새로운 기회나 결과가 기다리고 있었는가?

이 질문들은 순간의 어려움에 결론을 내리지
않고, 더 누적된 차원에서 시간의 힘을
발휘하도록 격려한다.

기본기

시니어 마케터들의 대화를 통해
당신의 마케팅 인사이트를 키워 보자.

마케팅은 '불꽃'이다

첫 번째 질문
마케팅 일에 잘 어울리는 사람은 어떤 사람인가요?

K 저는 광고 대행사에서 일하고 있습니다. 그래서 제안서를 거의 찍어 내듯이 만들곤 하죠. 보통 3, 4주 동안 크리에이티브를 기획하고 콘텐츠를 제작하며 광고 믹스를 짭니다. 그런 다음 40, 50분 정도의 경쟁 PT에 참여한 후 계약이 진행되죠. 이렇게 PT를 준비할 땐 너무 힘들지만 막상 수주한 브랜드들이 나와 함께 성장할 땐 기분이 정말 좋더라고요. 우리가 기획한 이벤트나 프로모션, 광고에 사람들이 반응하고 좋아하는 모습을 보면 그렇게 흥분되고 기쁠 수가 없어요. 이런 업무 특성이 성향에 맞다면 마케팅 일을 재미나게 하실 것 같아요.

마케터의

문수정   마케터의 주요 업무는 성과를 위해 가설을 세운 후 실행에 옮기고 그 결과에 따라 다시 계획을 수립하는 것이에요. 이런 방식을 좋아하는 사람들은 마케팅 일을 잘할 수 있어요. 들여다보면 이것은 결국 '낯설고 불편한 질문'을 잘 견디는 사람이에요. '사람들은 왜 이 제품에 열광할까?' '이 캠페인이 기대만큼 반응을 못 얻는 이유는 뭘까?' 같은 질문들이죠. 답이 바로 나오지 않아도 끝까지 붙들고 파고드는 인내심이 이 일에서는 꼭 필요해요. 단순히 크리에이티브한 감각만으로는 버티기 어렵습니다. 어쩌면 마케터는 매일 가설을 세우고 깨지는 과정을 견디는 사람일지도 몰라요.

그래서 '관찰자'의 태도를 가진 사람이 마케팅에 잘 맞는다고 생각해요. 남들이 지나치는 디테일을 보는 사람, 말보다 표정과 맥락을 먼저 읽는 사람이요. 시장은 숫자로 움직이지만, 그 숫자를 만드는 건 결국 사람이고 감정이잖아요. 데이터를 분석하더라도, 그 안에서 사람들의 욕망과 변화의 흐름을 읽어 내는 감각이 중요한 것 같아요. 그래서 저는 마케터를 숫자 위에 서 있는 감성가라고 부르고 싶어요.

Y   얘기를 듣다 보니 제가 이 일에 적합한 사람인지 고민하게 되네요. 저는 3가지 지표가 떠올랐어요. 첫째, 트렌드를 쫓기보

다는 시장의 변화에 예민하고 무엇이 고객에게 도움이 될지 판단하는 능력. 둘째, 호기심이 많고 직접 체험하며 경험 자산을 쌓을 줄 아는 사람. 셋째, 이 모든 정보를 쉽게 이야기할 수 있는 친절한 사람이 마케팅을 잘하고 오래 하는 것 같아요.

또한 저는 마케터를 스토리텔러라고 생각합니다. 제품의 이면을 이야기하고, 브랜드의 장점을 스토리로 전달해 반응을 이끌어 내는 사람이죠. 새로운 플랫폼이 나오면 저는 빠르게 계정을 만들어 써 보곤 하는데, 이런 도전적인 태도도 필요하다고 생각합니다. 마지막으로, 자신이 느낀 바를 사람들에게 비전으로 보여 줄 수 있는 능력도 중요하다고 봅니다. 설득 과정을 즐기고 해낼 수 있는 능력이 핵심이라고 생각해요.

H　　그리고 무엇보다 중요한 것은 마케터는 멈춰 있지 않는 사람이어야 합니다. 발전 욕구와 성장 마인드셋이죠. 과거의 성공에 안주하거나 단순히 주어진 일을 잘하는 것에서 그치지 않고, 더 나은 것, 더 새로운 것을 찾으려는 태도가 필수적이에요. 새로운 플랫폼이나 어떤 정보를 열린 마음으로 받아들이는 호기심은 물론 마케팅 결과를 분석하는 데서 그치는 것이 아니라, 그 분석을 바탕으로 더 나은 방향으로 나아가려는 실행력이 필요해요. 실패를 두려워하지 않고, 하나라도 더 새로운 것을 시도하는 사람들

마케터의

이 결국 성과를 만들 수 있으니까요.

문수정　맞아요, 그래서 끈기와 회복력도 정말 중요합니다. 이렇게 매일 시도하고, 실행하는 과정이 일의 연속이다 보니 실패를 면할 수 없어요. 그래서 낙심하고 주저앉는 게 아니라 그 실패를 통해 배우고 다시 일어서는 힘이 필요합니다. 목표를 향한 끈기와 집착에 가까운 열정이죠. 마케터는 변화에 늘 민감하게 반응하되, 끈기를 기반으로 변화를 기회로 바꿀 수 있는 사람이어야 합니다.

Y　마케팅에서 '디테일'이야말로 신뢰를 만드는 힘이라고 생각해요. 그 디테일이 완성도를 결정하죠. 예를 들어 적합한 폰트를 찾는다거나, 문장 하나의 끝맺음, 광고 배너의 여백, 정확한 종이 재질 등과 같은 아주 사소한 요소들에서 브랜드의 태도가 보이고, 고객은 무의식적으로 그것을 감지해요. 마케터는 늘 '이 정도면 됐지'라는 마음을 경계해야 한다고 생각합니다. 결국 소비자의 마음을 움직이는 건 큰 아이디어가 아니라, 잘 다듬어진 하나의 단어, 정확한 타이밍, 그리고 세심한 배려에서 시작되니까요.

문수정　마케터의 일은 생각보다 훨씬 입체적인 역할인 것 같아요. 기획과 실행 사이, 창의성과 논리 사이, 전략과 감정 사이를 오

기본기

가는 일, 나무와 숲을 동시에 봐야 하는 일. 그래서 더 재미있고, 더 어렵죠. 결국 중요한 건 정답을 아는 사람이 아니라, 끊임없이 질문하고, 버티고, 조율하며 해답을 찾아나가는 사람이 아닐까 싶습니다. 그렇게 하나하나 맞춰 가다 보면, 어느 순간 브랜드와 시장이 스스로 말을 걸어오는 순간이 찾아오더라고요.

두 번째 질문
마케팅 업무를 하면서 가장 힘들 때는 언제인가요?

K　　　저는 광고 대행사에서 일하다 보니 클라이언트를 굉장히 많이 만납니다. 지금까지 만난 사람이 아마 1,000명은 넘을 거예요. 그런데 이분들에게 신제품 콘셉트나 메인 카피에 대한 의견, 원하는 방향을 물어도 제대로 대답하는 분들이 많지 않더라고요. 이런 경우, 우리는 그 브랜드의 가치를 잘 모르는 상태에서 포장하는 작업을 잘해야 하죠. 사실 그게 가장 괴로워요. 특히 저는 브랜드의 진정성을 좋아하거든요. 그런데 뭔가 억지로 포장을 해야 할 때 거짓말을 하는 것 같아 너무 힘들더라고요.

　　　　선배들은 이야기해요. "일단 자신감을 가지고 일감을 따오면 어떻게든 되는 게 우리의 미션"이라고요. 그래서 마케팅은 말발과 자신감의 시장이라는 얘기도 하죠. 하지만 저는 마음속으로 의기소침해지곤 합니다. 왜냐하면 마케팅은 업무 범위가 너무 넓고 결과를 예측하기도 힘들기 때문이에요. 저번에 성공했던 캠페인이 이번에는 똑같이 해도 망하기도 하거든요. 이런 현실을 자각할 때 어떻게 극복하셨는지, 혹은 마음을 어떻게 다잡으셨는지 궁금합니다.

문수정 저도 비슷한 고민을 자주 합니다. 의료 마케팅에서는 특히 진실성이 중요한데, 의사의 실력이 부족하거나 서비스의 품질이 기대에 미치지 못하면 솔직히 마케팅 자체가 불가능할 때가 있어요. 가끔은 '이건 못 하겠다'고 솔직히 말해야 할 때도 있어요. 진정성을 바탕으로 한 마케팅이 결국 고객의 신뢰를 쌓는 길이고, 성공할 가능성이 높으니 마케터에게나 고객에게나 모두에게 의미 있는 마케팅이죠. 그래서 과장된 광고, 비현실적인 광고, 회사의 가치와 마케터의 도덕적 신념이 충돌하는 윤리적 딜레마에 직면할 때 마케터들이 힘들어하고, 퇴사 욕구도 느끼는 것 같아요

거짓된 마케팅이야 말로 마케터에게 가장 힘든 일이자 가장 효과가 없는 마케팅이지 않을까요?

H 저는 인하우스 마케터로 일하면서 결과가 좋지 않을 것

을 뻔히 알면서도 마케팅을 해야 할 때 가장 무력감이 들었어요. 누가 봐도 아닌 것을 오너의 의사 결정 때문에 해야 할 때가 있죠.

한 번은 배너 카피를 360개나 작성해 본 적이 있어요. 상사가 어디서 A/B 테스트 이야기를 듣고 와서는, 그 내용을 프린트해서 일일이 체크하는 거예요. 그건 고객 중심의 마케팅이 아니잖아요. 또, 많은 준비를 거쳐 런칭한 프로젝트에서 부사장님이 갑자기 "배경색이 마음에 안 든다"고 바꿔 달라고 하더라고요. 10번 이상 컨펌받은 작업이었는데 이런 일이 반복되니 결국 회사를 떠날 수밖에 없었어요.

문수정　저는 성과가 나지 않을 때 많이 힘들어요. 마케터라면 누구든 겪어야 하는 고통이라고 생각해요. 마케팅은 결국 성과로 평가받으니까요. 성과가 있어야 일할 맛도 생기고, 업에 대한 애착도 생기죠. 성과란 일의 목표를 달성하는 것으로 정의할 수도 있어요. 가설을 세우고 테스트를 반복하는 과정에서 실패는 늘 존재하죠. 어제까지 웃었는데 오늘 울 수도 있는 상황이 마케터의 일상이라 생각합니다. 하지만 그 실패에는 항상 러닝 포인트가 있게 마련입니다. 성과가 나지 않아도 이걸 통해 교훈을 얻었다는 생각으로 지속적이고 새로운 시도를 하면서 그 순간을 극복해요. 이 과정을 통해 궁극적으로는 마케터로서 자존감과 성취감을 높일 수 있다고 생각해요. 마케터의 일은 늘 강렬하고도 순간의 뜨거움이 있어서 마치 불꽃과도 같다는 생각도 드네요.

Y　　대학생 때는 마케터라는 직업에 대해 드라마적인 환상을 많이 가졌어요. 하지만 물 위에 떠 있는 백조처럼, 물속 현실은 전혀 다르죠. 일을 하면 할수록 이면에 숨은 본질이 얼마나 어렵고 힘든지, 중요한 일인지 깨닫게 됩니다. 이런 본질을 데이터로 분석해 고객의 언어로 풀어내고 고객의 반응까지 낼 수 있는 사람이 진짜 마케터가 아닐까 싶어요. 그래야만 성장으로 연결되고, 성과도 나올 수 있는 거죠. 이렇게 감성과 논리를 동시에 활용해야 한다는 것이 참 힘들더라고요.

K　　마케터는 오래 할수록 재미있지만, 그만큼 감정 소모가 큰 직업이기도 하죠. 단순히 숫자와 지표만 맞춘다고 되는 일이 아니니까요. 사람의 마음을 움직이는 일이기 때문에 더 복잡하고, 가끔은 감정적으로도 힘들어요. 그래서인지 약간만 힘들어도 그만두는 사람이 많더라고요. 팀원들이 힘들어할 때 저는 팀원들에게 "힘든 건 내가 해 줄 테니 일단 버텨 봐"라는 말을 자주 합니다. 좋은 리더가 뭔지는 모르겠지만, 함께 성장하는 팀을 만들고 싶은 마음은 늘 있어요.

그리고 창의적인 고갈도 큰 문제죠. 끊임없이 새로운 아이디어를 요구받지만 반복적인 업무에 지치다 보면 아이디어가 고갈되는 순간이 오곤 하죠. 아이디어나 대안이 떠오르지 않을 때마다 큰 압박감을 느껴요. 그럴 때는 완전히 다른 분야의 콘텐츠나 다른 산업의 캠페인 사례를 찾아보는 것도 좋은 방법이에요. 시야를 넓히는 경험이 결국 더 창의적인 해결책을 가져다주기도 하니까요.

문수정　제가 기도하는 것 중 하나가 고객에게 감사하다는 말을 듣는 것이었어요. 아무리 힘들어도 감사 한마디면 그 노고가 사라지잖아요. 그런데 고객은 감사 표현을 하면 혹여나 우리가 일을 안 이하게 할까 봐인지 그런 말을 무척 아끼는 편이에요. 그런데 오늘 어떤 원장님께서 감사하다며 추석 선물을 보내 주시더라고요. 이렇게 고객에게 도움이 되었다는 보람을 느낄 때면 언제 힘들었냐는 듯이 에너지가 다시 충전이 되어요. 그래서 현장에서 만나는 많은 마케터에게 감사 인사를 많이 하려고 해요. 서로 감사를 표현하는 것만으로도 위로가 되니까요. 그리고 업무량도 마케터에게 큰 어려움 중 하나예요. 일 잘하는 사람에게 일이 몰리는 현상은 어디나 비슷하죠. 그래서 저는 최근 들어 아웃소싱을 많이 주기 시작했어요. 덕분에 내부 마케터들은 숨통이 트이고, 일의 범위는 넓어지고 해보지 않았던 일도 많이 확장하게 됐어요. 외주 관리만 잘 해도 업무가 크게 성장할 수 있다는 것을 최근에 깨닫게 됐죠.

힘들 때 나를 지키는 힘은 스스로의 존재 가치를 아는 것에서 나온다고 생각합니다. 저희는 13년 이상 마케팅을 유지하는 고객도 있어서 내부 직원들도 고객과 상호 파트너로 생각하는 분위기가 자리 잡혀 있는데요. 힘들더라도 내가 하청업체가 아닌 파트너로서 자리매김하고 있다는 생각, 이 생각이 고됨으로부터 지탱해 주는 힘이 되더라고요. 단순히 갑과 을의 관계가 아니라 파트너라는 생각을 가질 때 고객이든 직원이든 합이 잘 맞고, 오래 일할 수 있게 되는 것 같아요.

기본기

마케터의
마인드셋

관점

이타적 마케터

심혈을 기울여 한 달 동안 애지중지하며 만든 3개의 광고 캠페인 시안을 놓고, 구성원들이 모두 모여 앉았다. 이 3개의 캠페인 중 하나를 선택해 앞으로 마케팅을 진행해야 하는 상황에서, 어느 것이 가장 나을지 다른 이들의 의견이 궁금했다. 가장 고참 직원이 먼저 입을 열었다.

A "저는 3번 안이 좋은 것 같아요."
문 "그래요? 이유는요?"
A "그냥 봤을 때 제일 눈에 들어왔어요."
문 "아니, 근데 고객 입장에서 봤을 때는 좀 이러저러하지 않아요?"

A "제 눈에는 이게 제일 좋다고요. 저는 그렇다고요."

고객을 분석하는 것, 고객이 되어 보는 것

이 대화를 보고 "에이~ 설마. 나는 그러지 않아"라고 생각하는 마케터라면 내심 다행이다. 하지만 이 직원처럼 어느 순간 고객의 자리에 내가 서 있지는 않은지 매 순간 되짚어 보고, 고민하고, 경계해야 할 문제다. 세상에 존재하는 수천 개의 다양한 마케팅 정의는 차치하더라도, 마케팅의 본질은 고객 없이는 존재하지 않는다. 고객이 없다면 과연 마케팅이, 마케터가 존재할 이유가 있을까? 마케팅은 철저히 고객의 입장에서, 고객의 상황에서, 고객의 시선에서, 고객의 생각에서 답을 찾고 답을 내야만 하는 것은 예나 지금이나 동일하다(여기에서 팬, 소비자, 오디언스 등 고객의 세부적인 구분은 논외로 한다).

마케팅의 구루 필립 코틀러(Philip Kotler) 교수는 세계적인 경영학자인 피터 드러커(Peter Drucker)의 말을 인용하며, 예전에는 마케팅의 목적이 수익 창출이었지만 고객 만족을 목표로 하면 수익은 저절로 따라온다고 했다. 그는 마케팅의 목적은 결국 고객을 창출하는 것이라고 강조했다.° 더구나 이 단순한

○   필립 코틀러, 『마케팅 관리론(석정)』

진리는 모든 변화 속에서도 결코 달라지지 않는다. 이제 기업 간의 경쟁은 제품이 아니라 브랜드의 의미 경쟁이 되면서, 객관적인 품질을 넘어 고객이 어떻게 느끼는지가 더 중요한 시대가 되었다. 그럼에도 불구하고, 때때로 고객의 입장에서 사고하고 결정한다는 이 기본적이고 단순한 원리를 놓치곤 한다.

대부분의 마케터는 마케팅 전략을 수립하기 위해 항상 선행하는 4C 중 하나로서 고객 분석을 수행한다. 고객 분석의 리서치 방법론은 다양하지만, 가장 기본적이면서 중요한 것은 고객이 되어 보는 것이다. 이는 제품을 직접 사용하며 고객이 되어 보거나, 고객에게 직접 묻거나(FGI 등 설문이나 인터뷰), 고객 후기를 정독하며 고객을 이해하고 공부하는 것이다.

병원 마케팅을 하는 나는 새로운 병원의 마케팅을 맡게 되면 항상 하는 루틴이 있다. 고객 병원에 대한 기초적인 정보 없이 백지 상태에서 환자가 되어 그 병원의 진료를 받고 철저히 고객 입장이 되어 본다. 내과나 단순 안질환 같은 기본적인 진료는 물론, 난임 진료나 척추측만증 같은 특수 진료도 포함된다. 남편은 난생처음 제모를 받아 보기도 하고, 딸은 ADHD 전문 한의원 검사나 학습 클리닉을 방문하기도 한다. 이렇게 가족과 지인까지 총동원한 경험을 통해 나는 점점 더 고객의 자리로 다가간다.

미팅 상석에 고객의 자리를 두는 이유

최근 의뢰받은 이명 한의원에서 환자 체험 후, 전혀 생각지도 않았던 만성 비염이나 난청 가능성이 내게 발견되어 놀라기도 했다. 이렇게 철저히 환자가 되어 보고 나서 리뷰나 고객 후기, 온라인 상담 문의 글 등까지 꼼꼼히 읽어 보면 고객들이 어떤 문제가 있고, 이 병원에 어떤 이유로 방문했으며, 무엇을 느꼈는지 고객의 모든 여정이 파노라마처럼 펼쳐진다. 그러면 결국 이론이 아닌 실제로 고객의 페인 포인트(pain point)가 무엇인지 보인다. 그들의 고통이나 불편함, 나아가 때로는 측은지심도 느껴지는데(이번에도 아토피 치료가 안 되면 자살하려고 했다는 환자를 만났다), 이렇게 고객의 감정을 잘 이입하고 발견하면 향후 전개되는 마케팅도 일사천리로 진행된다.

노인성 질환에 특화된 모 병원에서는 직원들에게 노인 체험 교육을 실시한 적이 있었다. 온몸의 근력을 저하하는 보호대, 청력 저하를 체험할 수 있는 귀마개, 특수 안경 등을 착용하고 지팡이 없이 걷기 힘든 노인으로 변신해 그들의 불편함을 직접 체험한 결과, 직원들이 그들을 마음으로 이해하게 되었다고 했다.

나는 직원들과 마케팅 미팅을 할 때 가장 상석에 고객의 자리를 만들어 놓는다(물론 이 자리는 비어 있다). 각자의 입장에서 선호를 내려놓고, 우리의 페르소나에 맞는 고객이 어떤 피드백을 하고, 어떤 선택을 할지를 결정하기 위함이다. 좋은 광고, 좋은 전략에서 '좋다'의 뜻은 선호를 묻는 것이 아니다. 무엇이 가장 마케팅적으로 효과를 발휘하며, 우리가 상호 수립한 목표를 달성하기에 적합한 무기가 될 수 있을지를 판단하자는 의미다. 이런 상황에서 개인의 선호도로 결정한다면 이보다 어리석은 판단은 없을 것이다.

내 생각을 고객에게 내주고, 고객 입장에서 사고하는 행동 습관은 단순히 마케팅을 잘하는 훌륭한 마케터로 성장하게 할 뿐 아니라, '내가 누구라면~'이라는 역지사지의 태도가 몸에 배어 나도 모르게 이타적인 사람이 된다. 동료의 입장이 보이고, 상사의 입장, 연인의 입장, 거래처의 입장, 혹은 내가 고객이 되어 물건을 사는 순간에도 물건을 파는 사람의 입장이 보인다.

삶의 중심이 철저히 타인의 입장까지 사유하는 단계로 나아가면, 마케터로서의 사명과 책임감이 더욱 밀도 있게 다가온다. 왜냐하면 인간의 깊은 내면에는 누구나 타인을 돕고자 하는 욕구가 있기 때문이다.

공익과 창의는 별개의 것이 아니다

이타성이 어떻게 인간의 행동을 강화하는지 보여 주는 흥미로운 연구가 있다. 미국의 행동과학자인 에반 폴만(Evan Polman) 교수의 연구진은 학생들에게 발상의 전환이 필요한 몇 가지 일을 부여하면서, 그 문제를 '타인을 위해' 해결한다고 생각하게 한 뒤 일을 시켰다. 결과는 놀라웠다. 자신을 중심으로 문제를 해결한 사람들에 비해 타인을 위해 문제를 해결하려 한 사람들이 훨씬 더 창의적인 아이디어를 많이 떠올렸다.[○] 즉, 자기중심이 아니라 타인 중심일 때 더 창의적으로 생각할 수 있었다는 것이다. 이 연구를 통해 이타성은 마케터로서의 문제 해결 능력도 높일 수 있다는 결론을 얻을 수 있다. 공익과 창의는 별개의 것이 아니다.

그래서 때로는 불순한(?) 목적을 가진 병원은 거절하기도 하고, 계약이 되면 우선 그들의 사명 찾기(브랜딩, 포지셔닝)부터 심혈을 기울인다. 최근 병원 마케팅을 한다고 하면서, 병원 블로그 몇 개로 매출을 몇 배 올렸다는 동종업계의 블로그 글을 보면, 심리적 글쓰기라는 명목 하에 후킹성 글이 난무하고 전략적인 유입 의도가 엿보일 때가 있다. 그럴 때 같은 마케터로서 불편함을 느낀다.

그러니 이타심이 깊은 마케터라면 질 나쁜 제품을 지속적

○   에반 폴만, Personality and Social Psychology Bulletin, 2011.

으로 홍보하거나, 가짜 메시지로 매출만을 일으키는 마케팅 회사에서 마케터로서 장기적인 비전을 갖기는 어려울 것이다. 소비자를 기만하는 자극적인 마케팅은 순간적인 힘은 있을지 몰라도 지속적인 힘은 없다. 결국 포지셔닝이란 상품을 포지셔닝하는 것이 아니라 고객의 마음속에 자리 잡게 하는 것이다. 내가 이기기 위해 고객에게 실패 경험을 주어야 한다면, 과연 그 마케팅으로 고객과 지속적인 관계를 형성할 수 있을까? 보람조차 없을 것이다.

고객의 마케팅을 잘해 보겠다는 강한 의지보다 선행되어야 하는 마음은 고객을 위하는 선한 의도. 10년 넘게 나와 마케팅을 해온 A 원장에게 소개받았다며 연락이 온 B원장은 나를 이렇게 소개받았다고 전했다.

"제가 소개하는 이 팀은 시간이 조금 걸리더라도 제대로 믿을 수 있는 마케팅을 합니다. 장기적으로 병원을 키우고 싶다면 지금부터 이들과 당장 시작하세요."

그동안 고객의 입장에서 선한 의도를 가지고 행했던 모든 순간이 옳았음을 증명받는 순간이었다.

마케터의 자질과 필요한 역량 등을 한마디로 정리하지 못

하더라도, 모두가 공감할 만한 일의 대단한 의미를 찾지 못했더라도 고객 입장에서 생각하고, 고객을 위하는 선한 의도가 있다면 그 사람은 마케터로서 충분한 자질을 갖췄다고 생각한다.

다시 한번 질문해 보자. 나는 정말 고객 입장에서 생각하는 마케터인가?

마인드셋

마케터의 노트 ⑥
생각의 한 페이지를 채워 보자

1) 나의 마케팅 전략은 고객의 신뢰를 쌓고 있는가, 아니면 일시적인
   성과나 단순한 판매 목표만을 추구하고 있는가? 고객의 삶을 더 나은
   방향으로 이끄는 마케터로서 책임감을 느끼고 있는가?

마케터의

2) 나는 고객을 이해하기 위해 실제로 고객이 되어 본 적이 있는가?
고객의 리뷰와 피드백을 진심으로 읽고 분석하며, 고객의 상황과
감정을 충분히 이해하고 있는가?

이 질문들을 통해 마케터들은 자신의 업무
방식을 재점검하고, 고객 중심의 사고를 더욱
강화할 수 있을 것이다.

마인드셋

본질

껍데기 말고, 알맹이는 뭔데?

마케터로 일한 지 얼마 되지 않았을 때였다. 상사가 지시한 일을 열심히 준비해서 보고하러 들어갔다. 잘해야겠다는 생각에 온갖 미사여구, 유식해 보이는 단어, 엄청난 만연체를 사용했다. 뭔가 있어 보이게 말하려고 노력했던 기억이 난다. 말하는 나도 내가 무슨 소리를 하는지 이해가 되지 않았지만, 상사는 나의 말을 끝까지 들어주었다. 한참을 인내심 있게 다 듣고 나서 하는 말이,

"무슨 말인지 하나도 모르겠는데, 계속 그렇게 뭔가를 얘기할 수 있는 것도 능력이야. 그래서⋯ 껍데기 말고, 알맹이

마케터의

는 뭔데?"

그래서 알맹이가 뭡니까?

타인을 설득하려면 곧 내가 먼저 설득되어야 하는데, 핵심 생각은 없고 말의 스킬로 설득하려 했던, 웃지 못할 에피소드이다. 설득이 일상인 마케터는 누구에게 무언가를 보고할 일이 잦다. 제안 PT나 월간 마케팅 종합 보고처럼 철저한 문서 준비와 압도적인 보고 실력으로 상대방을 장악해 승리(?)해야 하는 경험도 흔한 일상이다.

예전에 나는 이런 보고를 할 때 발음이나 속도 등 말하는 기술에 집중하곤 했다. 한 번의 보고를 위해 녹음을 하고 듣고, 다시 녹음을 하고 듣기를 수차례 반복해, 거의 토씨 하나 틀리지 않게 다 외운 상태로 들어갔다. 결국 보고 후 "PT 잘하네요"라는 소리는 들었지만, 계약으로 성사되거나 마음으로 교감하는 일은 적었다는 점이 아이러니했다.

말의 껍데기를 벗겨야겠다고 결심한 다음부터는 PT를 할 때도 페이지마다 A부터 Z까지 다 말하려고 달달 외우지 않는다. "이 페이지에서의 알맹이는 이것이다"라는 한 가지 메시지를 완벽히 이해하고, 알맹이 키워드 하나만은 꼭 잊지 않고 언

마인드셋

급하려고 한다. 그 알맹이 키워드를 찾으면, 그 페이지는 완전히 내 것이 된다.

그 후, 장기적인 브랜드 성장을 위해 브랜드 콘셉트와 마케팅 전략을 보고한 적이 있다. 보고 후 클라이언트는 "시안이며 전략 모두 마음에 들고, 나아가 브랜드의 비전을 보여 줄 때는 마음 깊은 울림이 있었다"라고 말했다. 이 순간, 알맹이의 힘이 무엇인지 새삼 깨닫게 되었다.

본질을 찾아 집중하는 삶

이는 일명 전체 결과의 80%가 전체 원인의 20%에서 발생한다는 파레토 법칙°을 떠올리게 한다. 이 파레토 법칙은 실제로 사회 여러 분야에서 나타나는 현상이지만, 이는 관찰된 패턴일 뿐 물리학 법칙처럼 절대적인 원리는 아니다. 경영학적으로 수긍이 되는 부분이 있지만(20%의 우수 직원에 집중, 20%의 핵심 제품이 효자 상품이 되는 등) 인문학적 관점에서 보았을 때나(왜곡된 엘리트 지상주의 우려), 80%의 비주류 상품이 주류 매출을 뛰어넘는 최근의 사회 현상(예를 들어, 아마존에서는 매출의 절반이 비인기 서적에서 나오고, 기존 블록버스터 위주의 시장이 마니아 중심의 시장으로 변화함)을 고려했을 때 나는 파레토 법칙을 100% 지지하

○ 이탈리아 경제학자 빌프레도 파레토(Vilfredo Pareto)의 이론

지 않는다. 이 법칙을 설명하려는 것도 아니다.

여기서 말하고자 하는 것은 고집해야 할 것과 포기해야 할 것을 알고 선택하자는 것이다. 『에센셜리즘(알에이치코리아)』의 저자인 그렉 맥커운(Greg McKeown)은 선택하는 능력을 망각하면 학습된 무기력이나 모든 일을 해내려는 상태에 빠질 수 있다고 경고했다. 그는 노력이 과하면 오히려 원하는 결과를 얻기 어려워진다며, 중요한 몇 가지를 선택하는 능력이란 결국 내가 하는 일의 본질, 삶의 본질을 꿰뚫는 것이라고 강조했다. 좋은 선택이란 인생에서 어떤 도전, 갈림길, 결단과 마주했을 때 비본질적인 것을 버리는 기술에 있다.

그 선택의 중심에는 핵심적인 본질을 구분해 내는 것과 더불어 나의 애호를 발견하는 것도 포함된다. 결국 애호를 발견하면 본성을 따라 사는 삶이 된다. 말이든 생각이든 시간이든 모두 본질을 잘 찾아내서 집중하는 것이 일의 역량을 높이고 삶의 질을 향상시킨다. 더 나아가 죽어라 일하고 인정과 보상으로 연명하는 삶이 아니라, 삶의 순간마다 일상 자체에서 기쁨을 느끼고 의미를 맛보며 나만의 보람 있는 시간을 보내는 방법을 알게 된다. 그렇기에 중심 가치를 안다는 것은 그만큼 나답게 살 수 있다는 반증이기도 하다.

자기만의 알맹이로 채워진 삶은 그만큼 자유롭다. 자신만

마인드셋

의 줏대로 자신만의 자연스러움으로 나만의 속도로 한 단계씩 나아갈 수 있다. 그러니 우리는 매일 이 질문과 마주해야 한다.

"그래서 알맹이가 뭔데?"

마케터의 노트 ⑦

생각의 한 페이지를 채워 보자

1) 나는 나만의 선택 기준을 가지고 중요한 것과 덜 중요한 것을
   구분하고 있는가? 나만의 선택 기준이 없어서 중요한 일을 포기하고
   본질에서 벗어난 시간을 쏟은 경험은 없는가?

마인드셋

2) 나는 내 삶의 중심 가치를 알고, 나답게 선택하고 있는가? 중요한
   결정을 내릴 때마다 "이 선택이 나의 중심 가치에 부합하는가?"를
   스스로에게 물어보는가?

이 질문들은 단순히 업무 성과를 넘어 삶의
방향과 본질을 찾는 데 큰 도움이 될 것이다.
말, 시간, 선택, 가치를 껍데기와 알맹이로
구분하고 본질에 집중할 때, 마케터로서뿐만
아니라 삶 자체가 더 깊고 의미 있어진다.

마케터의

거절

원하는 대로 해 드리다가 망했습니다

누구에게나 처음은 힘들고 설렌다. 그 시작이 유튜브 촬영이라면 어떨까? 게다가 그것이 의사 유튜브의 시작이라면? 기본적으로 의사들은 잘하고 싶은 욕구가 있다. 평생 공부를 잘해 왔고, 잘한다는 소리만 들어 왔으니, 유난히 '잘하고 싶다'는 욕망이 강하다. 이런 그들이 유튜브라는 공개 채널에서 진료에 대한 소견을 드러낼 때, 다른 이에게 어떻게 보일지(특히 다른 의사들이 어떻게 볼지)에 대해 특별히 더 신경을 쓰고, 그 시작을 꽤나 힘들어한다.

마인드셋

경계 없는 일 처리가 남긴 흔적들

하지만 학습 능력이 뛰어난 이들답게 처음엔 긴장하는 듯해도 몇 회 찍고 나면 금세 능숙해지고 감을 잡는다. 스스로 '나는 할 수 있고, 잘할 것이다'라는 믿음이 실수도 금세 바로잡아 버린다. 그런데 최근 진행했던 어느 병원의 경우, 이 예상이 보기 좋게 빗나갔다. 나이가 지긋한 한 원장은 본인 발음이 빠르고 부정확하다며 초조해 했고, 콘티 읽기 연습 시간부터 빼 달라고 했다. 콘티도 스크립트가 있는 버전과 없는 버전을 일일이 작성해 드렸으며, 복장과 메이크업까지 세심하게 챙겼다.

그 외에도 촬영을 위한 다양한 요구 사항에 시달려 담당자들의 다크서클은 점점 짙어졌다. 공중파 방송 출연도 이보다는 덜 힘들었을 거라는 투정을 하며, 우여곡절 끝에 스튜디오를 빌려 촬영을 마쳤다. 영상팀은 원장의 성향을 간파하고는 편집에도 몇 배 신경을 썼다. 인서트 장면을 추가하고, PPT 자료 화면까지 일일이 만들어 넣는 등 정말 심혈을 기울였기에 나는 결과물이 만족스러웠다. 이제 한시름 놓을 수 있겠다고 생각했으나, 그건 섣부른 안도였다.

의사는 완성된 편집본을 주변 모든 지인에게 돌리기 시작했고, 그들의 생각 없는 한 마디 한 마디가 우리에겐 시어머

니의 잔소리처럼 내리꽂혔다. 글씨체, 분위기, 표정, 약간 접힌 의사 가운의 칼라까지 빠짐없이 잡아냈다. 우리 팀은 고객이 원하는 대로 가능한 한 서포트하자는 생각으로 수정 3회라는 기준은 지워 버리고 끝없는 수정 지옥에 스스로 들어갔다. 그렇게 몇 주간 N번의 수정이 이어졌지만, 최종본을 본 의사는 업로드를 하지 않겠다고 선포했다. 예술가가 몇 달간 만든 도자기를 보고 "이건 예술품이 아니야"라고 던져 부수는 격이었다. 이 날의 허무함은 이루 말할 수 없었다.

다시 이 일을 시작했다면 나는 이 프로세스를 바꿀 수 있었을까? 아니, 어떻게 바꿨어야 했을까? 수정 3회를 고정하고, 수정 회차마다 비용을 청구했으면 차라리 나았을까? 아니면 처음부터 고객의 요구에 맞추기보다는 단호하게 주장을 펼쳤어야 했을까? 요구를 거절할 때 무엇으로 설득했어야 했을까? 어디까지 허용하고, 어디까지 제한하며, 어디에서 끊어야 할지 아무리 복기를 해 보아도 쉽게 답이 나오지 않았다.

그 당시 나는 "그래, 말해 봐! 난 다 할 수 있다고!"라며 전지전능함을 보여 주고 싶었다고 말하고 싶지만, 더 솔직히는 거절하기가 어려운 심리적 상태였던 것 같다. 거절로 인해 이 계약이 파기되지 않을까? 나와의 관계가 깨지지 않을까? 하는 염려가 숨어 있었고, 그것을 초긍정으로 위장한 무조건 다 한다는 경계 없는 일 처리로 극복하려 했다.

말 돌리기 전략이 필요할 때가 있다

고객은 전문가가 아니다. 전문가가 아닌 그들의 요구를 그대로 들어주는 것이 결코 좋은 결과를 가져다주지 않는다. 하지만 고객의 요구를 거절하고 진정시키는 일은 언제나 눈치가 보인다. 힘든 건 힘들다고, 상황이 여의치 않으면 그렇다고 말해야 결론이 난다. 그날 이후 나는 이제 고객의 요구에 끌려가지 않기 위해 남다른 전략을 쓴다. 아무리 말재주가 좋은 고객이라 해도 맥을 끊어 버리는 말 돌리기 전략(?)이 그것이다. 다시 말해, 말이 아닌 방향으로 대답하는 기술이다. 고객이 무리한 요구나 끝없는 자기주장을 펼칠 때는 그 요구 자체를 정면으로 받아치지 않는다. 그 대신 더 크고, 더 멀리 볼 수 있는 이야기를 꺼내며 생각의 전환을 유도한다.

최근에도 작은 썸네일을 가지고 이래저래 창작 활동을 펼치려는 고객에게 유튜브 영상을 광고로 어떻게 돌리고, 어떤 효과가 있었는지, 조회수가 얼마나 높아졌는지를 자세히 설명했다. 단순히 거절하는 것이 아니라 더 위대한 목표에 대해 이야기하거나 더 나은 방향을 제안하는 방식이 효과적이었다. 그

마케터의

렇게 주제를 슬쩍 틀어 버리면 작은 수정은 자연스럽게 사라진다. 더 나은 목표에 대한 논의가 시작되면, 사소한 요구들은 저절로 무력해진다. 썸네일 얘기가 빠진 건 놀랍지도 않았다. 말 돌리기는 변명도 아니고, 무례한 회피도 아니다. 그것은 서로를 구하는 길이다. 무의미한 소모를 멈추고, 진짜 중요한 것에 집중하게 만드는 기술이다. 누구에게나 거절의 기술은 필요하다. 특히 나의 시간을, 나의 열정을, 나의 삶을 허무하게 소모당하지 않기 위해서는 말이다. 단순히 '아니오'라고 말하는 대신, 더 크고 좋은 길을 바라보게 만드는 것, 그것이 진짜 '거절'이자 '설득'이다. 나는 오늘도 배운다. 내가 거절한 것이 무엇인지, 내가 지켜 낸 것이 무엇인지를.

마케터의 노트 ⑧

생각의 한 페이지를 채워 보자

1) 나는 고객의 요구와 진짜 필요를 구분하고 있는가? 고객이 원하는
   것(요구)과 그들이 진짜로 필요한 것(니즈)을 구분해 대응하고 있는가?
   고객이 요구하는 모든 것을 수용하고 있지는 않은가?

마케터의

2) 나는 전문가로서 내 기준을 고객에게 설득하고 있는가? 나의 전문성을 기반으로 고객을 설득하고, 신뢰를 얻고 있는가? 문제 해결보다는 고객의 기분을 맞추는 데 시간을 쓰고 있지는 않은가?

이 질문들은 고객의 요구를 무조건 들어주는 것이 아닌, 전문가로서 문제 해결을 돕는 마케터로 나아가는 길을 열어 줄 것이다.

마인드셋

주체

그렇게 들이대던 치과 의사는 왜 사라졌을까

    내 책을 읽고 메일로 컨설팅 문의를 했던 그 치과 의사는 강남 8학군에서 자랐고, 전라도에 치과를 개원할 계획이 있었다. 부모의 탄탄한 지원 아래, 강남 학군에서 자란 그는 유명한 자기계발서가 카톡 프로필에 올라가 있는, 성공 지향적 마인드로 가득 찬 사람이었다. 커피와 함께한 대화의 시작은 좋았다.

    그가 꿈꾸는 핑크빛 미래, 개원에 대한 포부, 병원 브랜딩에 대한 생각, 내 책을 읽으며 공감했던 부분, 고민하는 문제들까지 주고받는 대화는 자연스러웠고 편안했다. 대화가 무르익을 무렵에는, 심지어 나와 컨설팅을 하기 위해 예정된 인테

리어 일정까지 전부 뒤로 미루겠다는 그의 적극적인 자세에 약간 부담감을 느꼈지만, 이내 그것은 자신감으로 바뀌었다. 나는 올라가는 입꼬리를 자제해야만 했다.

고객의 기대를 높이지 마라

거기까지는 너무 완벽해 보였다. 하지만 마지막에 컨설팅 비용을 제시하는 단계에 이르자, 그전까지 한껏 높아졌던 대화의 온도는 떨어지고, 공기가 한순간에 무거워졌다. 가격이란 "가치를 충분히 제안하고, 그 가치보다 싸게 느껴지게 하면 그것이 탁월한 가격 제시다"라고 누군가에게 늘 충고했던 그 말이, 정작 내 입에서는 갈라진 소리로 나왔다. 그는 나를 빤히 바라보다 조용히 말했다. "대표님이 가격을 얘기할 때 뭔가 꺼려하고, 머뭇거리는 걸 느꼈어요. 그런데 자신 있게 제시하셔도 됩니다. 대표님은 충분히 그럴 만한 가치가 있으니까요."라고 도리어 나를 가르쳤으니 말이다. 나는 애써 미소를 유지했지만, 당황했던 기색을 감추기에는 내가 너무 솔직했다. 그리고 "내게 당신의 컨설팅은 충분한 가치가 있다"고 말한 그였지만, 나는 그를 다시 볼 수 없었다.

'고객의 기대를 높이지 말라'는 말이 있다. 기대가 높아진

만큼 만족시키기가 어려워진다는 뜻일 것이다. 그래서 나는 고객에게 만족감을 주기 위해 의식적으로 초반에 기대 관리를 한다. 초반에 기대를 높이지 않는다는 의미다. 받은 것 이상의 값어치를 해야 한다는 무의식은 계약을 성사시켜도 단 5초의 기쁨만을 줄 뿐, 이내 부담감으로 전환된다.

그런데 기대 관리가 되지 않는 고객이 있다. 핑크빛 미래만을 보며 마케팅, 브랜딩은 하기만 하면 다 잘될 거라고 철썩같이 믿는 고객, 그 기대와 조금이라도 벗어나면 참지 못하고 컴플레인 하는 사람, 자기가 꿈꾼 이상과 현실의 벽이 마주할 때 그 차이를 넘어서지 못하는 사람이다.

어쩌면 나는 이 치과 의사와 계약을 하고 싶지 않았을지도 모른다. 그는 성공적인 개원을 위해 서울에서 지방을 오가며, 밤새워 마케팅을 공부하고, 자금 조달을 이렇게 저렇게 애쓰고 있었다. 성공을 향한 열망은 진심이었고, 고군분투하는 노력 또한 분명했다. 하지만 문제는 그의 열정이 아니라 조급함이었다. 그의 눈에는 기다림은 없고, 오직 성취에 대한 초조함만이 어른거렸다. 어쩌면 기대 관리에 철저한 내 무의식이 이 계약을 거부했던 것 같다. 지방 개원이었기에 초기에 자리를 잘 잡으면 성과는 낼 수 있을 것이 보였다. 하지만 성과가 나기까지 분명히 기다리는 시간을 견뎌야 할 텐데, 이렇게 적극적이고 열정적인 것을 넘어 조급해 보이는 그의 '기대'에 이 '가격'을 받고 내가 부응할 수 있을지, 만족시킬 수 있을지 스스로 설득되지 않았다. 무엇보다 그의 모습이 내가 성공시키고 싶은 고객의 기준과는 거리가 있었다. 조심스럽게 물러나게 된 이유였다.

이병헌이 관객을 설득하는 법

어느 토크쇼에서 '연기의 신'이라고 불리는 이병헌에게 "어떻게 그렇게 연기를 잘하느냐"고 질문하는 장면을 보았다. 그는 담백하게 답변했다. 자신이 그 캐릭터에 설득당해야 관객들을 설득할 수 있다며, "나 자신을 설득시키는 데까지의 고민과 시간이 가장 많이 필요하다"고 말했다. "내가 설득되지 않으면 타인이 설득되지 않는다"는 이 배우의 단순한 명제가 이번 계약 불발의 이유를 말해 주는 듯했다. 나는 컨설팅 금액에 대한 대가로 치러질 '고통'을 넘어서는 무언가에 스스로가 설득되어야 했다. 하지만 내 마음이 그를 설득하지 못했고, 그 역시 나를 설득하지 못했다.

이 계약은 꼭 해야만 하는 이유도, 꼭 하고 싶다는 이유 없는 설렘도 없었다. 게다가 나는 고객이 나에게 일을 전적으

마인드셋

로 맡길 사람인지, 맡기면 기다릴 줄 아는지, 기다린 후에는 결과에 대해 감사할 줄 아는지, 선한 동기가 있는 사람인지가 중요하다. 그런 사람이 피드백이 좋고, 일의 성과도 잘 나오기 때문이다.

나의 무의식 덕분에 컨설팅 비용을 제시하는 단계에서 머뭇거림으로 다행히(?) 계약은 성사되지 않았다. 결국 마케팅의 시작은 무조건적인 계약보다 내가 성공시키고 싶은 고객인지 아닌지(내 경우는 나를 믿고, 기대 관리가 잘되는 고객인지)를 잘 분별하는 데 있다. 모든 계약이 성공은 아니다. 진짜 성공은 내가 스스로 신뢰할 수 있는 일을 선택하는 것에서 시작된다. 향후 가망 고객 미팅에서는 꼭 기억해야겠다. 브리핑을 하러 가는 것이 아니라 그를 인터뷰하러, 팔러 가는 것이 아니라 선택하러 간다는 것을.

마케터의 노트 ⑨

생각의 한 페이지를 채워 보자

1) 나는 내 고객과의 프로젝트를 통해 진정한 성과와 보람을 느낄 수
   있는가? 이 계약이 나에게 '돈'을 넘어서는 의미 있는 가치와 긍정적인
   변화를 줄 수 있는가?

마인드셋

2) 이 고객은 '선한 동기'를 가지고 나와 협력하려는가? 아니면 단순히
   자신의 성공만을 위한 것인가? 비판과 불만만 늘어놓으며 마케터의
   노력을 당연하게 여기는 사람은 아닌가?

이 질문들은 마케터의 성공은 단순히 많은
계약을 따내는 데 있지 않고, 성공시키고 싶은
고객을 선택하고, 그들과 의미 있는 결과를
만들어 내는 데 있다는 것을 알게 할 것이다.

마케터의

심리

내향형 마케터의 떨리는 자기 성찰

나는 어렸을 때부터 실전에 약했다. 아무리 열심히 공부하고, 평소 시험을 잘 봐도 모의고사 때는 원래보다 점수가 안 나오는 스타일이었다. 피아노 실기 시험을 준비하며 제법 멋진 연주를 할 수 있게 되었을 때, 문밖에서 듣고 있던 이모는 방에 라디오를 틀어 놓은 줄 알았다고 했을 정도였다. 하지만 그런 연습을 하고도 막상 실기 시험 때는 절반도 제대로 연주하지 못했다.

외향형 인간들이 부러운 이유

'아니, 이 정도로 망친다고?' 당혹감과 창피함, 그리고 허무함을 동시에 진하게 경험했다. 학창 시절 시험 때면 과민성 대장 증후군으로 설사를 해 댔고, 아침부터 미지근한 물 외에는 아무것도 하루 종일 먹지 못했다. 교복 치마의 허리 벨트도 자극이 되어 시험 중에는 풀어 놓아야만 했다. 잘하고 싶은 욕심, 잘해야만 한다는 강박은 중요한 순간에 실력을 발휘하기는커녕 내가 쌓아 올린 것들을 단번에 망가뜨리는 화약고가 되었다.

이런 나이기에 긴장감 없이 자연스러워 보이는 외향형 인간들을 보면 솔직히 부러움을 느낀다. 나이가 들면서 예전에 비해 여유를 찾았다고 느끼지만, 내 속에는 여전히 잔칫날 진수성찬도 거부하는 섬세한 신경 줄이 어딘가 늘 곤두 서 있다. 지난번 중요한 미팅에서도 적절한 타이밍을 잡지 못하고 먼저 말문을 닫았다. 애매한 공백이 길어지자, 타인의 무거운 시선을 피하고자 나는 눈을 아래로만 깔고 있었다. 이럴 때 한 마디 딱 치고 나가면 얼마나 좋을까! 지금까지 준비하고 고민한 것들이 많은데, 이게 한 방에 제대로 표현되지 않으니 때로는 답답하고 소심해지기도 한다. 과한 목소리는 싫지만, 인상적인 목소리는 필요할 때가 있다.

그런데 이렇게 소심한 내면 온도를 가지고 있음에도, 일을 할 때는 누구보다도 주도적이다. 사람들은 프로젝트를 진행하는 나를 보면 100% 외향형이라고 생각한다. 같이 일해 본 파트너들은 내가 일하는 모습에서 외향성을 확신하고, 자연스럽게 더 사교적인 관계로 나아가려 한다. 그러면 나는 나의 내향성을 들키기 전에 은근슬쩍 갖가지 핑계를 대며 업무 외 시간에는 잠수를 타 버린다. 일을 논의할 때는 몇 시간이고 발언권을 지키며 장악력을 발휘할 수 있지만, 사적인 대화나 사교적인 대화에서는 몇 마디 존재감을 드러내는 것도 힘들다.

사회적인 시간을 보낸 만큼 혼자의 시간이 필요하다. 그렇게 해야만 내 에너지의 균형이 맞춰진다. 이런 모습이니 문득 '아니, 사회생활 하면서 이렇게 사람을 안 만나도 되나? 이렇게 어필 안 해도 되나?' 싶을 때도 있다.

내향형이 강점에 집중할 때

알고 보니, 내면엔 내향성을 탑재했지만 누구보다 주도적으로 일에 몰입할 수 있었던 결정적인 이유는 내 안에 '성취와 목표 지향'이라는 강점이 자리하고 있었기 때문이었다.°

그래서 평소에는 내향적 기질로 조심스러워 보여도, 막상

° 자신의 강점을 상세히 알고 싶다면 갤럽 프레스(Gallup Press)의 『위대한 나의 발견 강점혁명(청림출판)』을 참고해 보길 바란다.

어떤 일을 맡으면 목표를 세우고, 자연스럽게 앞장서서 문제를 해결하고, 성과를 내기 위해 끝까지 물고 늘어진다. 이런 모습을 보며 '아, 내가 이 분야에서는 누구보다 에너지가 넘치는 사람이 될 수도 있구나'하고 느꼈다. 사실 누구든 자신이 가진 고유한 강점 앞에서는 충분히 당당해지고, 의외로 능동적인 태도가 나올 수 있다. 그러니 내향성이든 외향성이든 상관없이 내 안의 강점이 무엇인지 들여다보고 그것을 최대치로 끌어올려 볼 것을 권한다. 그 강점에 초점을 맞추면 생각지도 못한 추진력과 자신감이 우리 스스로에게서 우러나는 걸 확인할 수 있을 것이다.

강점이 발휘되는 자신 있는 분야에서는 몰입의 즐거움 때문에 누구보다도 적극적으로 나서게 된다. 제대로 하고 싶다는 마음가짐이 심리적 추진력을 만든다. 강점으로 성취감을 맛보는 순간들을 경험하다 보니 내향성이 오히려 내면의 깊이와 집중력이 커다란 장점이 되어 숨어 있다는 것도 깨닫게 되었다. 결국 내향성은 단순히 '말이 적고 조용한 성격'이 아닌 더 깊고 풍부한 내면 세계가 뒷받침되는 에너지 축적 방식이다. 나의 약점같아 보이는 그것의 관점을 약간 달리 보니 오히려 그것은 내게 높은 성과를 낼 수 있는 기반이자 강점이 되었다.

조금 예민한 마케터지만, 괜찮습니다

이런 성격 덕분에 한 번 맡은 일은 누구보다 꼼꼼하게 하고, 매사에 신중한 편이며, 쓸데없는 실언을 하는 경우가 적다. 극도의 예민함과 신중함에 내향성까지 더해졌으니, 일을 하거나 관계를 맺을 때 항상 결과와 과정, 이해관계, 타이밍 등 모든 면을 신경 쓰고 고려했다. 이런 성격 덕분에 신뢰를 많이 받았고, 인생에서 좋은 사람들을 많이 만났으며, 감사한 일들을 배우고 경험했고, 많은 것을 이루고 얻으며 살아왔다. 좀 더 외향적이고, 정치적이며, 시의적절한 사회적 제스처를 더 잘했다면 더 성공했을까? 더 만족했을까? 더 행복했을까? 꼭 그렇다고는 할 수 없지 않을까?

이쯤 되면 나도 나의 내향성을 극복할 의지가 없는 것 같다. 아니, 의향이 없다. 누구보다 나의 내향성과 예민함, 그리고 긴장감을 존중한다. 내향성에서 묵힌 에너지가 일에서는 주도성으로 발휘되어 뜻밖의 모습으로 비칠 때, 그렇게 앞뒤가 안 맞아 보이는 반전도 사랑한다. 내가 좋아하는 리더들, 경영학적으로나 브랜드 측면에서 회자되는 유명한 리더들도 내향형이 많다. 그 사실이 은은한 위로로 다가온다.

뇌를 쉬지 않고 쓰고 있기에 나만의 생각이 계속 쌓이고, 의외로 외부의 영향을 잘 받지 않으며, 내 고집을 고수하는 그

줏대도 좋다. 나의 내향성은 극복보다는 타협을, 주도성은 강화보다는 환영을, 그냥 있는 그대로 드러내며, 나 자신에게 다정하게 살아가려 한다. 나는 이제 내향성과 함께 산다. 성공은 외향성이 아니라 나다운 에너지로 꾸준히 쌓은 시간이 만들어 준다는 것을 믿는다. "~처럼 해야 하는데" 하며 안간힘 쓰다가 이도 저도 안 된 모습보다는, 나답기 때문에 이런 모습으로 잘해 낼 수 있었다는 점을 깨닫고, 조금 더 나 자신을 열어 둬도 되겠다는 생각이다.

마케터의 노트 ⑩

생각의 한 페이지를 채워 보자

---

1) 나는 내가 나답게 일하고, 나답게 살고 있다고 느끼는가? 나답게
   일했을 때 가장 행복했던 순간은 언제였는가? 내 성향에 맞지 않는
   강박적 행동이나 목표를 내려놓고, 내가 잘할 수 있는 방식을 찾고
   있는가?

마인드셋

2) 나는 나를 얼마나 존중하고 있는가? 사회적 통념에서 비롯된 '어떠해야 한다'는 압박감에서 벗어나, 오히려 강점으로 활용하고 자신답게 일하며 살아가는가?

이 질문들은 약점처럼 보였던 나의 반전 매력을 사랑하고, 있는 그대로의 나를 다정하게 받아들이는 것이 곧 나만의 경쟁력이 됨을 깨닫게 할 것이다.

마케터의

마케팅은 '독기'다

세 번째 질문
당신을 이 자리에 있게 한 가장 중요한 역량은 무엇인가요?

S 친구들과 모임을 하면 자주 묻는 질문이라, 여기서도 함께 이야기해 보고 싶었어요. 바로 "나를 이 자리에 있게 한 가장 중요한 능력은 무엇일까요?"라는 질문이요. 모두 마케터로서 10년 차 이상의 경력을 쌓아 오셨는데요. 현재 이런 리더십의 자리에 오르게 된 강점들이 각자 다를 거라고 생각합니다. 과연 어떤 강점을 바탕으로 회사에서 인정받고 마케터로서 성장하고 계신지 궁금합니다.

K 저는 남들이 궁금해하지 않는 것도 너무 궁금해서, 대답을 듣지 않으면 잠을 못 자는 편이에요. 그래서 빨리 물어보고 빨

마인드셋

리 창피당하고 빨리 흡수하려고 해요. 사실 최근에 조금 힘든 일이 있어서 코칭을 받은 적이 있어요. 원래 일이 힘들어도 스트레스를 잘 받지 않는 편인데, 내 뜻대로 되지 않을 때 좌절하는 일이 있어서 코칭을 받았거든요. 코치님께서 "너무 CEO의 마음으로 일하는 것 같다"고 하시더라고요. 그리고 왜 그렇게 과도한 책임을 스스로 짊어지냐고 물으셨어요.

그런데 저는 그런 책임감이 없다고 생각하면 일을 못 해요. 추진력이 생기지 않거든요. 오히려 그런 에너지를 폭발시키는 걸 굉장히 재미있어해요. 그렇게 제 성향대로 일했을 뿐인데, 같이 일하는 사람들이 그것을 대단하게 봐준 것 같아요. 제가 왜 그럴까 생각해 보니, 저는 어릴 때부터 명분이나 목적이 있으면 다른 건 덜 중요하다고 여기는 사람 같더라고요. 저는 엄청 똑똑한 사람은 아니지만, 목표가 생기면 무조건 달성해야 하는 사람이에요. 그게 오히려 저의 능력이 된 거죠.

Y　　　누군가 저에게 별명을 하나 지어 줬어요. 팀원이 저를 보고 "소 같다"고 하더라고요. 그래서 팀이 바뀌거나 소개할 때 황소 사진을 옆에 두고 자기소개를 합니다. 누가 보면 좀 미련할 수도 있지만, 저는 꾸준하고 담담하게 일하는 편이에요. 그런데 가끔 "이건 꼭 해야 할 것 같다"는 생각이 들면 추진력이 생기는 것 같

아요. 저는 일을 하는 척하는 사람이 싫거든요. 내년 계획을 세울 때도 화려하게 포장하기보다는 정말 해야 할 일만 적는 스타일이에요.

문수정 저는 계획은 멀리 세우지만, 오늘만 살 것처럼 일했던 것 같아요. 예전에 스티브 잡스가 스탠퍼드 대학 졸업 연설에서 비슷한 개념을 이야기했잖아요. "수많은 점을 찾고 그것을 선으로 연결해서 가능성을 발견하라"는 말이요. 그땐 평범한 말이라고 생각했는데, 지금은 다르게 다가오더라고요. 결국 점을 연결해야 선이 보이는 거잖아요. 하지만 막상 그 점에 있을 때는 아무것도 보이지 않잖아요. 어떤 결정이 어떤 결과를 낳을지 모르고, 일이 지나가야만 보이는 건데, 그 순간에는 알 수가 없거든요. 그래서 섣불리 판단하기보다 그 점 자체가 선명해지도록 오늘을 후회 없이 행동하려고 해요.

그리고 저는 듣기 싫은 소리를 정말 싫어해서, 부모님도 저에게 잔소리를 거의 하지 않으셨어요. 숙제했냐, 공부하라는 말씀을 한 번도 안 하셨죠. 그래서 타인에게 싫은 소리를 듣지 않으려고 매 순간 충실하게 살았던 것 같아요. 성향이나 자라 온 환경을 차치하더라도, "오늘의 충실함은 배반하지 않는다"는 말처럼, 주니어들에게 조언하자면 오늘만 살 것처럼 하루를 채워 보라고

마인드셋

말하고 싶어요.

S   예전에 인하우스 마케터로 일하면서 한 번은 제품 런칭을 앞두고 상사가 10번 이상 디자인을 수정하라고 했을 때, 솔직히 너무 지치고 화가 나기도 했지만 '하고 만다'는 정신으로 마무리를 했어요. 결국 그 과정을 통해 브랜드의 핵심 가치를 더 명확히 이해하게 되었죠. 한 번은 대형 이벤트를 준비하던 중 현장에서 예상치 못한 문제가 발생했는데, 그냥 포기할 수도 있었지만 끝까지 해결 방법을 찾아냈어요. 그 때의 성취감이 아직도 기억에 남아요. 이렇게 때로는 성가신 일이나 막막한 일들이 종종 생기지만, 그 과정을 끝까지 해내는 집요함이 저의 강점이었던 것 같아요. 그리고 '할까 말까' 할 때 일단 해 보는 실행력도 다양한 마케팅 경험을 쌓는 데 도움이 되었어요.

문수정   정말 실행이 중요해요. 마케터라고 하면 특별한 아이디어를 내는 사람으로 오해를 많이 받는데, 사실 아이디어를 내는 건 쉬워요. 오히려 자신의 아이디어에 취해서 실행하지 않는 사람이 많죠. 단 한 가지라도 실행하는 것이 정말 중요하다고 생각해요. 먼저 아이디어를 낸 사람보다 먼저 실행하는 사람이 승자예요.

Y   저는 공감 중심 마케터예요. 공감 능력이 저를 이 자리에 있게 만든 중요한 요소 중 하나라고 생각해요. 단순히 제품을 파는 것이 아니라 고객의 마음을 읽고, 그들이 진정으로 원하는 것을 발견하는 게 너무 재미 있었어요.

저는 평소에 단순히 고객의 말을 듣는 데 그치지 않고, 그들의 감정을 내 문제처럼 생각하더라고요. '내 친구라면, 내 가족이라면, 나라면' 어떨까 말이죠. 한 번은 신생 브랜드의 마케팅을 맡았을 때, 단순히 계약상의 성과지표를 목표화하기 전에 그 브랜드의 창업자가 어떤 고민과 두려움을 가지고 있는지 깊이 이해하려고 노력했어요. 그가 사업을 시작하게 된 계기, 초기에 겪었던 실패와 고난, 그리고 브랜드에 담고 싶은 철학에 집중하다 보니 새로운 마케팅 돌파구가 보였죠. '그가 왜 이 일을 시작했는지, 어떤 가치를 전하고 싶은지'를 깊이 이해한 후에야 진정성 있는 메시지를 만들 수 있었습니다.

저는 일상 속에서도 작은 관찰자로 살아요. 예를 들어, 카페에서 고객들이 메뉴를 선택할 때 어떤 고민을 하는지, 옷을 고를 때 어떤 점을 중요하게 생각하는지 같은 작은 습관들을 관찰하는 편이에요. 이것이 결국 소비자의 마음을 이해하는 큰 자산이 됩니다. 이런 작은 경험들이 모여 결국 큰 인사이트로 이어졌던 것 같아요.

마인드셋

H　　　　저는 '도전' '성장' '성취' 같은 표현보다는 '독기'라는 표현을 쓰고 싶어요. 물론 열정으로 포장할 수도 있겠죠. 저는 "안 되는 게 어디 있어?"라는 말을 입에 달고 다녔어요. 그렇게 실행에 나섰고, 설사 실패하더라도 안 한 것과는 비교할 수 없는 결과를 만들어 냈죠. 누군가 저를 보고 "굿판이 벌어져도 제안서를 쓸 사람"이라고 했는데, 그만큼 제가 해야 할 일에 몰두했나 봐요. 마케팅은 끊임없는 테스트와 실패의 연속입니다. 한두 번 성과가 안 나오거나 반응이 없어도 끝까지 파고들고, 데이터를 다시 들여다보고, 카피를 고치고, 디자인을 뜯어 고치는 지독한 끈기가 그래서 필요해요. 남의 브랜드를 마치 내 것처럼 끌어안고 고민하고, 사소한 디테일까지 신경 쓰는 집착이 있어야 '결과'로 증명되는 마케터가 될 수 있으니까요. 이건 애정만으로는 부족하고, 독기에서 비롯된 책임감이 아닐까 생각해요

네 번째 질문
번아웃에 빠진 직원을 어떻게 도울 수 있을까요?

S   번아웃은 마케팅 업계에서 매우 흔한 문제죠. 특히 끊임없는 성과 압박과 크리에이티브 피로가 주요 원인인 경우가 많습니다. 예전에 팀원이 번아웃에 빠졌을 때 어떻게 도와야 할지 몰라서 많이 고민했던 적이 있어요. 번아웃에 빠진 직원을 어떻게 도울 수 있을까요?

Y   팀원의 상태에 따라 다를 것 같아요. 첫 번째로는 강제 휴가를 보내는 방법이 있겠죠. 그 사람의 일을 커버할 수 있다면요. 저도 어느 날 일을 하다 보니 숨이 잘 안 쉬어지는 느낌이 들었어요. 나중에 생각해 보니 번아웃을 겪고 있었던 거죠. 그래서 요즘은 과부하가 걸리면 그냥 쉬어야겠구나, 하고 생각해요. 만약 동료가 무력감에 빠져 있다면 하루이틀이 아니라 일주일이라도 쉬게 하고 리프레시할 시간을 주는 것이 유일한 방법 아닐까요?

만약 무력감의 원인이 자신도 모르는 일의 확장 때문이라면, 일을 잠깐 덜어 주는 것이 필요하겠죠. 그리고 다시 작게 시작해서 성과를 내는 순간을 의도적으로 만들어 주는 것도 한 방법인 것 같아요. 번아웃에 빠진 팀원들은 종종 '내가 지금 뭘 하고 있

마인드셋

는 거지?' 라는 생각에 빠지곤 하거든요. 그래서 저는 큰 프로젝트가 아니어도 작은 목표를 달성하는 경험을 자주 만들어 주려고 합니다. 예를 들어, 짧은 기간 안에 완료할 수 있는 작은 캠페인을 함께 기획하고, 그 성과를 즉각적으로 피드백해 주는 식이죠. 이 작은 성공들이 모이면 결국 자신감과 동기 부여로 이어지더라고요.

S 그리고 팀원 간의 관계도 중요한 요소죠. 특히 마케팅처럼 창의적인 아이디어가 중요한 분야에서는 팀원들 간의 신뢰와 소통이 매우 중요합니다. 그래서 저는 가끔 팀 전체가 함께 할 수 있는 작은 이벤트나 모임을 기획하기도 해요. 예를 들어, 함께 영화나 전시회를 보러 가거나, 단순히 맛있는 음식을 함께 먹는 시간도 큰 도움이 됩니다. 이런 시간이 쌓이면 팀원들끼리 서로의 감정을 더 잘 이해하게 되고, 서로를 지지하는 문화가 만들어지더라고요.

문수정 번아웃에 빠진 직원을 돕는 가장 큰 힘은, 우선 그 사람의 리듬과 고통을 인정해 주는 태도이지 않을까 생각해요. 성실했던 사람이 갑자기 지쳐 멈춰 서면 당황하거나 실망하기 쉬워요. 하지만 번아웃은 게으름이나 무책임의 결과가 아니라, 오히려 너무 치열하게 몰입했던 흔적일 때가 많아요. 그래서 그런 순간에 필요한 건 채찍이 아니라 휴식이에요. 예전에 함께 일하던 팀장이 어느 날 답답하고 무력해져 일을 못 하겠다고, 퇴사하고 싶다고 말했어요. 너무 갑작스러워서 월급은 그대로 줄 테니 주 2회만 출근하라고 했죠. 그 사람을 믿는다면 회복할 때까지 기다려 주는 것도 하나의 방법이에요. 그리고 번아웃도 결국 성과와 피드백의 문제인 경우가 많아요. 많은 팀원이 자신의 노력이 제대로 평가받지 못하고, 그 가치를 인정받지 못할 때 큰 좌절감을 느끼죠. 그래서 저는 팀원들에게 단순히 결과만 강조하는 것이 아니라, 그들이 기여한 구체적인 성과를 수치로 명확히 보여 주는 것이 자부심을 되찾고, 힘을 얻는 데 중요하다고 생각합니다. 마음의 짐은 같이 덜되, 자신이 어떤 영향을 주게 하는지 느끼게하는 거죠.

H   정말 어려운 문제네요. 저조차도 스스로가 무력한지 아닌지 깨닫지 못하는 경우가 많거든요. 그래서 수정 님이 말씀하신 것처럼, 마음의 짐처럼 남아 있는 힘든 부분을 걷어 주는 것이 중요하다고 생각해요. 그리고 초심으로 돌아가 이 사람이 우리와 함께 일하며 무엇을 하고 싶어 했는지를 다시 점검해 보는 거죠.

        이전 일을 돌아보면, 번아웃에 빠진 동료에게 했던 제 방식이 지금 생각하면 꽤 꼰대 같은 방식이었던 것 같아요. "이 또한 지나간다"는 말을 많이 했어요. 당장은 힘들어도 시간이 지나면 다 옛일이 된다는 걸 이야기했죠. 그렇게 그 상황에서 벗어나 미래

마인드셋

를 보게 해 주는 것이 필요하다고 생각해요.

K　　　저는 팀원이 20명 가까이 됩니다. 힘들다고 하소연하는 사람도 많고, 심지어 울며 이야기하는 경우도 많아요. 처음에는 무조건 붙잡았어요. "내가 잘할게" 하며 최대한 믿어 주고 분위기를 좋게 만들려고 노력했죠. 그런데 요즘은 힘들다고 말할 정도면 이미 생명력이 다한 게 아닌가 하는 생각이 들기도 해요. 왜냐하면 그 친구는 비슷한 일이 생기면 또 그만둔다고 할 것이고, 저는 다시 노력을 해야 하겠죠. 몇 달을 더 끌고 최대 2년까지 간 적도 있어요. 그런데 결국 다른 곳으로 옮기면서 퇴사하는데, 저도 지친 나머지 속으로는 '다행이다'라는 생각까지 들더라고요.

　　　물론 처음엔 다들 에너지가 넘쳐서 입사했을 거예요. 하지만 힘들다고 퇴사하는 직원들이 아예 없을 순 없을 거예요. 갈 사람은 가되, 이제는 직원들에게 미리 업무를 위임해서 퇴사하는 직원들로 인해 남은 직원들이 혼란이 없도록 준비해야겠다는 생각이 듭니다.

문수정　　저도 팀을 운영하면서 비슷한 경험을 여러 번 겪었어요. 한 사람의 마음을 붙잡기 위해 내가 쏟는 에너지가 점점 커지고, 그 과정에서 정작 팀 전체의 리듬이 무너지는 경우도 많았죠. 그래서 요즘은 조금 다른 시선을 갖게 됐어요. 모든 팀원이 오래 남을 거라는 전제를 내려놓고, 오히려 각자의 시간 안에서 최선을 다하게 돕는 쪽으로요. 떠나는 것도 그 사람의 선택이고, 남는 사람을 보호하는 것도 리더의 역할이더라고요. '잘 붙잡는 것'도 중요하지만 '잘 놓아 주는 것'도 건강한 리더십이라는 걸 다시 확인하게 되네요.

마인드셋

마케터의 전투력

촉
논리보다 감이 앞설 때

기록
메모만 잘해도 연봉이 오른다

자격
내 눈에 차기 전까진 못 보내

돈
광고비에도 권태기가 온다

성과
성과의 전광판 앞에서

논리보다 감이 앞설 때

어느 날 나는 콘텐츠 부서의 담당자를 급히 호출했다.

문 "담당자님, ○○병원 미팅 언제 잡았죠?"

A "지난번 미팅 후 이번 달은 아직 계획이 없는데요?"

문 "음, 뭔가 지금 느낌이 좀 그래요. 빨리 시간 잡아 주세요."

A "왜요? 어떤 아젠다 때문이시죠?"

문 "특별히 아젠다가 있다기보다… 그냥 지금 들어가야 할 때라는 느낌이 강하게 들어서 그래요."

A "…%#$%@"

대표님은 촉이 좋으세요

가끔 이런 근거 없는 싸함은 어김없이 기가 막히게 상황과 맞아떨어진다. 객관적인 설득과 이해가 중요하다고 늘 말하지만, 때로는 이렇게 감으로 결정하고 앞뒤 없이 요구한다. 더 당황스러운 것은 시간이 갈수록 이런 상황이 더 많아지고, 타이밍까지 정확하다는 것이다. 예를 들면 예상하지 않았던 미팅을 잡거나 예정에 없던 일을 갑자기 이유 없이 시작하는 경우 등이다. 대표실의 문을 닫아 놓고 있어도 문밖의 상황이나 직원들의 속내가 다 느껴져서 괴로울 때도 있다. 이런 나를 보고 예전에 한 직원이 이렇게 말했다.

"대표님은 촉이 엄청 좋으세요."

심각한 J 성향(계획적)인 나는 즉흥적인 것과는 거리가 멀다고 생각했다. 나는 논리와 근거로 판단하고 계획대로 움직여야 마음이 편한 사람이다. 그런데 어느 날부터 '감'으로 결정하고 행동하는 경우가 많아졌다. 심지어 나를 잘 아는 가족들은 나를 두고 "뼛속까지 감각적인 사람"이라고 까지 했다. 이런 '감'의 영역에는 계획에 없었지만 갑자기 떠오르는 어떤 주제나 시기 등 설명하기는 어렵지만 이것이어야만 한다는 알

수 없는 의사 결정이 포함된다. 그러나 시간이 지나면서 깨달았다. 이 설명할 수 없는 감각은 결코 즉흥적인 것이 아니라는 것을. 수년간 일에 몰입하고, 많은 실패와 성공을 경험하며, 나로 모르는 사이 내 안에 축적된 수많은 데이터가 어느 순간 '이제야' 직관이라는 이름으로 표출되기 시작한 것이다. 이 감각이 자주 발동할 수록 딜레마는 깊어졌다. 회사가 커질 수록 내 의존도를 줄이고 시스템과 매뉴얼로 내 역할을 대체해야 하는데, 감각은 복제되지 않으니 말이다.

요즘 시대에는 평범한 사람이 기술(기법)로 무언가 가치를 발현하는 것이 한계에 도달했다는 점에는 이견이 없을 것 같다(챗GPT를 개발하거나 세상에 없는 제품을 만드는 정도라면 모를까). 특히 AI 기술은 더 언급할 필요조차 없을 정도로 발전해 그 영역이 빠르게 대체되고 있다. 그래서 사람을 채용할 때도 어떤 기술을 보유하고 있는지 보다 솔루션이나 다양한 플랫폼을 활용할 줄 아는 감각을 더 중요하게 본다. 대중화된 기술 앞에서는 모두가 평등하기 때문이다(카피든 디자인이든 콘텐츠든 마케팅이든 모두 플랫폼 기술 기반이다. 챗GPT를 쓰지 않는 마케터가 누가 있겠는가?). 그렇기에 기존보다 앞서기 위해서는 감각을 끌어올리지 않으면 안 된다. 똑같은 일을 마주해도 '감'에 따라 한 끗 차이가 생기고, 그 한 끗이 일의 결과를 좌우한다. 이런 '감'을 잘 활용해서 좋은 결과를 내는 경우 흔히 "센스 있다" "감각 있다" 고 말한다. 그래서 같이 일하고 싶어 하는 사람이 되고, 실수를 해도 동기가 이해되니 용인되고 다음 기회를 얻는다.

심지어 감각은 때로 기술을 무력하게 만들기도 한다. 30년 된 문어 잡이 어부는 특별한 통발 없이도 순수 손맛, 감각으로만 문어를 잡는다고 했다. 문어가 어디에 많이 있을지를 세밀한 공기와 온도를 오직 감으로 읽는 것이다.

효용 가치보다 의미 가치

그렇다면 감각은 어떻게 키울 수 있을까? 기술을 연마하는 것처럼 체계적으로 단련할 수 있을까? 나는 그 답을 일의 본질을 들여다보는 데에서 찾았다. 예를 들어, 성전을 짓는 벽돌공의 경우 아무리 벽돌을 잘 자르는 기술을 가진 사람이라도, 자신의 일이 영혼을 살리는 일이라고 생각하는 사람을 앞설 수 있을까? 기술에만 집중한 사람은 반듯한 벽돌을 최상의 목표로 삼겠지만, 영혼을 살리는 벽돌공은 성전의 완성된 모습을 떠올리며 벽돌에 그림을 그려 넣을 수도 있다. 목표 자체가 달라지는 것이다. 감각을 발휘한 벽돌공이 작업한 성전에는 벽화가 있거나, 체온이 느껴지는 따뜻한 벽돌이 사용될 수도 있다. 일의 본질을 바라보고 문제 해결적 관점으로 접근하는 사고의 차이가 감각의 영역을 깨우는 열쇠가 된다. 기술이 주는 효용 가치가 아닌 일이 품은 가치에 몰입할 때 감각은 비로소 깨어 난다.

사회적 역할에서의 가치 피라미드를 보면, 하위는 단순히 기술의 가치를 제공하는 단계이고, 상위로 올라갈수록 더 큰 프로젝트 관점에서 일을 바라보며 통솔하고 지휘하게 된다. J 성향인 내게 요즘 '감'의 영역이 자꾸 늘어난다는 것은 기술의 영역을 넘어 일에 대한 몰입, 경험, 의지가 누적되어 '감'으로 발현되는 피라미드 상위로 올라간 단계이기 때문인 듯하다.

결국, 피라미드 상위로 올라가려면 기술이 아닌 감각의 영역을 계속 확장해 나갈 수밖에 없다. 효용 가치보다 의미 가치가 더 중요해진 요즘 가치 피라미드에서, 상위로 올라갈수록 자신의 영향력과 인지도가 높아지고 수입도 증가한다. '감'으로 의사 결정하는 순간이 많아진다면, 체계적이지 않음에 자책하지 말자. 이미 피라미드에서 대체되기 어려운 상위 단계에 있는 것일지도 모르니까.

마케터의 노트 ⑪

생각의 한 페이지를 채워 보자

---

1) 논리와 근거는 부족했지만, 직관적으로 옳다고 믿었던 결정을
   떠올리고 그 결과가 어떻게 흘러 갔는지 복기하라. 그 결정이 업무의
   결과와 성과에 어떤 차이를 만들어 냈는가?

전투력

2) 나는 일을 '기술적'으로만 접근하고 있지는 않은가? 내 '감각'을 더
키우기 위해 어떤 경험과 몰입을 하고 있는가? 프로젝트가 끝난
후에는 반드시 성과뿐만 아니라 과정과 직관적 판단도 복기하는가?

기술은 누구나 배울 수 있지만, 감각과 직관은
경험과 몰입에서 나오는 나만의 무기다. 이
질문들은 논리로 설명할 수 없는 그 한 끗의
차이를 만들어 내는 것이 바로 마케터의
감각임을 알게 한다.

기록

메모만 잘해도 연봉이 오른다

나는 "뚜렷한 기억보다 흐릿한 기록이 낫다"는 말을 종종 입에 담으며 기록을 일삼는다. 이 말의 실용적인 효과 때문만은 아니고, 원래 *끄적이는* 것을 좋아하는 편이기도 했다. 직장 초창기 때는 윗사람에게 잘 보이고 싶어서, 일을 좀 더 잘해보고 싶어서 꼼꼼히 기록하기 시작했다. 그리고 기록은 습관이 되고, 습관은 일의 성과로 진화했다.

끄적이는 것에는 힘이 있다

미팅이든 교육이든 워낙 상세히 적고, 다시 펼쳐 보며 복기하고, 진행 과정을 체크하는 습관이 들었다. 동료들은 업무를 확인할 일이 있으면 나를 찾곤 했다. 기록하는 모습은 꼼꼼함으로 이미지 메이킹이 되었고, 연봉 협상 때는 "알아서 주세요"라고 말했지만, 마음속에서 대략 기대했던 희망 연봉보다 훨씬 더 높은, 희망찬 연봉을 받게 되었다. 나는 이런 기록 습관이 실력의 바탕을 만들고, 연봉을 올리는 기반이 되었다고 믿는다.

끄적이는 것에는 힘이 있다. 순간 떠오르는 아이디어를 기록하면 잊힐 무언가가 실행될 가능성이 생기고, 일의 누락을 막을 수 있으며, 일의 혼선이 생길 때 증거가 남는다. 심지어는 나의 일하는 스타일도 파악할 수 있다. 요즘은 SNS나 블로그 등을 통해 저마다 본인의 이야기를 기록하는 것이 익숙한 시대이다. 하지만 일에 대한 기록을 습관처럼 품고 있는 사람은 얼마나 될까, 문득 의문이 들 때가 있다.

인류 문명의 발전도 기록과 함께였다. 기록은 문명을 일으켰고, 수백 년을 건너 후대에 지혜를 남겼다. 특히 일은 기록의 연속이라 해도 될 만큼, 기록은 일의 속도와 결과를 이끌어낸다. 대니얼 레비틴(Daniel J. Levitin)의 『정리하는 뇌(와이즈베리)』에서도 언급되었듯, 머릿속에 떠오르는 생각을 떨쳐 내는 가장 좋은 방법은 '메모'라고 한다. 나는 뭔가 생각이 날 때, 눈

앞에 있는 것이 냅킨이라도 거기에 끄적여 남긴 후, 집에 가져와 정리된 문서나 폴더에 기록으로 남겼다.

인간의 단기 기억 용량은 평균적으로 약 7±2개의 항목에 불과하다.° 인간의 단기 기억은 제한적이기 때문에 기록 없이는 중요한 내용을 놓칠 수밖에 없다. 심지어 목표조차도 기록한 사람이 그렇지 않은 사람보다 목표를 달성할 확률이 약 42% 더 높게 나타났다.°° 그렇기에 기억에 의존하지 않는다는 것은 스스로를 더 나은 사람으로 만드는 작은 지혜가 된다.

기록이라는 강력한 무기

이렇듯 미팅록이나 아이디어 기록, 업무 보고서 등 직장인의 필수 기록 도구는 물론, 특히 기획을 하거나 마케팅 전략을 구성하거나, 다양한 카피라이팅 시도와 제안서 작성 등에서 생각을 정리하고 체계를 잡는 데 조금은 남다른 기록에 대한 집착이 일의 완성도를 높이는 데 꽤 도움이 되었다.

뇌과학자 박문호 교수는 책을 읽고 나서 책의 내용을 한 장의 그림으로 기록한다고 했다. 기록은 반드시 글자나 문자여야 하는 것은 아니다. 스케치로 간단히 그린 그림도 충분히 좋은 기록이 된다. 그래서 나는 이 방법을 주니어들에게 업무를

° 조지 밀러(George A. Miller), The Magical Number Seven, Plus or Minus Two: Some Limits on Our Capacity for Processing Information, 1956.

°° 게일 매튜(Gail Matthews), The impact of Commitment, Accountability and Written Goals on Goal Achievement, 2007.

전투력

설명할 때 활용한다. 그들에게 부분적인 업무가 아닌 프로젝트의 큰 그림을 보여 주거나, 기획을 논의하거나, 일의 우선 순위를 정할 때 스케치는 매우 유용하다. 나는 A4 용지 한 장에 스케치를 하며 설명을 한다. 설명이 끝나면 나는 그 종이를 들려 보내거나, 사진을 찍어 카톡으로 보내 주기도 한다. 이러한 방식은 일하는 중간에 재확인할 수 있기에 결과적으로 "어, 이거 아닌데…." 하는 정보 전달 오류의 가능성을 크게 줄일 수 있다.

기록은 이렇듯 소통 도구로서도 의미 있지만, 가장 든든한 순간은 일의 기록과 결과가 쌓여 있을 때다. 기획서 워드 첫 페이지의 깜박이는 커서를 마주하기 전에 몇 번에 걸쳐 종이에 쓰고 지운 얼개의 기록, 머릿속을 정리하기 위해 토해 놓은 메모들, 포스트잇을 가득 채운 카피라이팅 등은 그 자체로 나의 일이며, 그 시간들로 내가 존재한다. 이런 일과를 기록하고 그 기록을 성찰하는 사람들은 그렇지 않은 사람들보다 업무 능력이 향상된다는 연구 결과는 너무나 많다.

기록이 주는 감정은 다양하다. 기록을 시작할 때는 약간의 긴장감으로 시작하지만, 이내 몰입이 되면 열정으로 뜨거워지고, 기록 위에 기록을 더할 때는 추진력이 생긴다. 마케터로 살면서 기록은 시간이 지나 나중에 들춰 볼 때 느껴지는 행복과

뿌듯함을 준다. 기록이 쌓이면 마음도 충만해진다. 경험과 기록은 어느 정도 비례하기 때문이다. 그래서인지 글로 남기는 것은 반드시 은혜를 갚는 일이라는 생각이 든다. 기록은 단순히 일을 잘하는 방법이 아니다. 기록은 내가 누구인지, 어떻게 일하는지, 어떤 성과를 만들어 왔는지 증명하는 강력한 무기다.

하지만 기록은 양날의 검과 같아 복수도 한다. 한순간 조절하지 못한 경솔한 한마디로 그동안 쌓은 공든 탑이 무너지기도 한다. 비난이나 불평, 화풀이, 부정적인 내용의 카톡, 특정인을 공격하는 단체 메일, 누군가 보면 곤란해질 글 등은 내 커리어에 두고두고 후회로 남을 수 있으니 절대 금물이다!

전투력

마케터의 노트 ⑫

생각의 한 페이지를 채워 보자

---

1) 나는 얼마나 자주 메모하고, 그 기록을 복기하고 있는가? 기록을
   통해 내 업무 스타일과 강점을 파악하며, 내 생각을 시각화하고, 다른
   사람과의 의사소통을 더 원활하게 하고 있는가?

마케터의

2) 나는 기록을 단순한 습관이 아니라 나의 성장 도구로 활용하고
   있는가? 기록이 성과 평가, 연봉 협상 등에서 구체적인 근거 자료로
   쓰이거나 커리어 성장에 활동되고 있는가?

이 질문들은 마케터로서 기록을 통해 일의
과정을 구조화하고, 생각을 정리하며,
자신만의 목소리를 명확히 하는 것은
커리어 성장의 핵심이 되고, 시간과 경험을
쌓아 스스로를 더욱 단단하게 만들어 주는
자산임을 일깨운다.

전투력

자격

내 눈에 차기 전까진 못 보내

어느 날이었다. 지금쯤이면 원내에 게시할 포스터 콘텐츠의 최종 컨펌 요청이 올라올 때가 되었는데, 아무 소식이 없는 것이다. 담당자에게 확인해 보니 이미 클라이언트에게 넘어가 컨펌이 끝났다며 얼버무렸다. 클라이언트 팀장에게 중간 확인을 요청했는데, 이 정도면 괜찮겠다고 해서 얼씨구 하며 넘긴 모양인 듯했다.

하지만 그 콘텐츠는 수준 이하였기에, 그렇게 넘기고 일을 종료한 담당자를 나는 호되게 질책할 수밖에 없었다. 내부에서 컨펌이 되지 않았는데, 전문가도 아닌 그가 오케이한 것이 무슨 소용이 있느냐고 말이다. 우리는 내부에서 최대한 퀄리티를 올려 우리의 이름으로 나가는 브랜드 콘텐츠에 대해 자부심을 가져야 한다. 하지만 담당자는 적당히 타협해 일을 해치워 버리려 했다. 결국, 나는 콘텐츠를 게시하려던 당일 원내 게시를 중단시키고, 하루만 시간을 더 달라고 요청한 뒤, 그날 미친 듯이 퀄리티를 높이는 작업을 다시 하도록 했다.

누가 아냐고? 내가 알잖아!

이효리와 이상순의 유명한 일화가 있다. 언젠가 이효리와 이상순이 집에서 나무 의자를 만들고 있었는데, 유독 이상순이 의자 밑바닥을 열심히 사포질하고 있었다. 이를 본 이효리가 왜 보이지도 않는 의자 밑을 그렇게 열심히 사포질하는지 모르겠다는 생각이 들어 이상순에게 물어봤다.

"아니, 여기는 사람들이 안 보잖아? 상순 씨가 이렇게 하는
지 누가 알겠어?"
이에 이상순은 딱 한마디만 했다고 한다.
"내가 알잖아."

심리학자 알베르트 반두라(Albert Bandura)는 자기효능감

(self-efficacy)이 높은 사람이 더 큰 성과를 낼 가능성이 높다는 연구 결과를 발표했다.[°] 남의 요구와 무관하게 스스로 성취감을 느낄 수 있는 결과물을 만들어 내는 것은 자기효능감을 강화하고, 스스로에 대한 신뢰를 높이는 데 기여한다. 이상순처럼 남이 보지 않아도 완성도 높은 의자를 만든다면, 스스로에 대한 만족감과 동기가 상승한다.

앤더스 에릭슨(Anders Ericsson)의 의식적 연습(deliberate practice) 이론에 따르면, 더 나은 결과물을 추구하는 과정은 기술을 발전시키고 전문가로 성장하는 데 필수적이라 했다.[°°] 스스로 높은 기준을 설정하고 실행할 때, 문제 해결 능력과 창의성이 향상되며 개인의 성장 속도가 가속화된다. 비록 병원에 걸릴 홍보 포스터일지라도, 그 완성도를 높이기 위해 노력한다면 그 노력이 기술이 되고, 그 기술이 쌓여 더 큰 프로젝트에서도 성공 가능성이 높아진다. 아무도 요구하지 않은 디테일을 끝까지 밀어붙이고, 작은 포스터 하나를 완성하는 데 들인 사소한 집착이 나중에는 브랜드 전체를 바꾸는 힘이 된다.

항상 높은 수준을 유지하려는 노력은 개인의 전문성과 평판에 직접적인 영향을 미친다. 이런 작은 노력이 쌓여 신뢰가 되고, 그 신뢰는 기회로 이어진다. 누가 요구하지 않아도 스스로 더 나은 결과물을 추구하지 않는 것은 성취감, 자기효능감,

○   알베르트 반두라,『변화하는 사회 속에서의 자기효능감(학지사)』
○○   앤더스 에릭슨, The Role of Deliberate Practice in the Acquisition of Expert, 1993.

마케터의

문제 해결력, 신뢰도, 개인의 성장과 기회까지 스스로 박탈하는 행위가 된다.

그럼에도 불구하고, 왜 내게 주어진 황금 같은 기회들을 회피하려고 할까?

마케터의 부심, 탁월함의 시작점

작은 행동의 반복이 장기적으로 큰 차이를 만든다. 게다가 더 나은 결과물을 만들어 내기 위한 시도는 복리처럼 성장에 기여한다. 마케터는 스스로 자극을 주어야 한다. 콘텐츠든 성과 지표든 자율적으로 높은 수준의 작업을 추구하면 스스로를 책임감 있는 사람으로 설정하게 된다. 자기 주도적으로 일에 몰입하며 높은 완성도를 추구하면 내적 만족도가 높아질 수밖에 없고, 이는 결국 업무에서의 행복감으로 연결된다. 이는 남이 인정해 주어서 느끼는 도파민이 아니라, 스스로를 인정할 때 느끼는 세로토닌과 같은 것이다.

게다가 마케팅은 기술 발전이나 소비자 행동 변화에 따라 지속적인 혁신과 개선이 필요하다. 시장은 빠르게 변화하기 때문에 단순히 상사나 고객이 요구하는 결과물에 만족하는 것은 장기적으로 경쟁력을 잃는 결과로 이어질 수 있다. 왜 자꾸 평범한 결과물에 안주하려 하는가? 더 쉽게 일하고 빨리 마쳤다고 콧노래를 부르는가? 평범한 결과물은 경쟁에서 도태된다. 동일한 제품이라도 독창적인 광고 기획이나 스토리텔링을 통해 차별화된 가치를 전달하는 것이 마케터의 핵심 정신이다. 그런데 왜 고객이 요구하지 않는다고 적당히 좋은, 미지근한 결과물에 눌러앉는가?

더 나은 결과물을 만들려는 노력은 마케팅 혁신의 원동력이자 탁월함의 시작이다. 클라이언트가 요구하지 않아도 더 나은 것을 제시하는 것, 그것이 마케터의 자존심이자 자격이다.

마케터의 노트 ⑬

생각의 한 페이지를 채워 보자

1) 나는 나의 '기준'을 가지고 일하고 있는가, 아니면 타인의 기준에만 맞추고 있는가? 고객이나 상사의 요구만 충족시키기 위해 일을 하고 있는가? 스스로 설정한 완성도와 기준을 가지고 일하고 있는가?

전투력

2) 나는 내가 한 일에 대해 스스로 '자부심'을 느끼고 있는가? 완성도 높은 결과물이 내 브랜드라는 생각으로 일에 임하는가? 그것이 내 커리어의 자산이 되고 있는가?

이 질문들은 마케터로서의 내적 기준과 자부심을 높이고, 단순한 업무 처리가 아닌 더 나은 결과물을 만들기 위한 태도를 갖추는 데 중요한 역할을 할 것이다.

돈

광고비에도 권태기가 온다

어느 날, 직원들 사이에 오간 대화를 우연히 듣게 되었다.

A   "요즘 광고비, 예전에 비해 너무 많이 쓰고 있지 않아?
그런데도 이제는 그만큼 쓰는 게 당연해진 것 같아."

B   "맞아. 예전엔 이 정도 쓰는 건 상상도 못 했는데, 지
금은 그냥 하루 예산으로 천만 원 정도는 아무것도
아닌 것처럼 느껴져. 예전엔 한 달 예산 몇백만 원에
도 진짜 신경 쓰고 그랬는데, 지금은 몇백, 몇천도 그
냥 그러려니 하게 돼. 그러니까 계속 금액이 커져도
'그냥 예산이니까' 하고 넘기게 돼. 비용과 상관없이

내가 긴장하고 있으면 한 번이라도 더 계정에 들어가서 살펴보게 될 텐데, 자기 의지가 없으면 금액이 커도 별로 자극이 안 된다는 게 문제지. 반면에 광고비가 너무 적으면 이것저것 해 볼 여력도 없으니, 비용이 적은 광고주는 그 이유로 찬밥 신세가 되고."

첫 만남의 설렘

"초기의 강렬한 설렘과 열정이 줄어들기 시작한다. 관계가 익숙해지면서 새로운 자극이 부족해진다. 상대방에게 느끼는 감정의 강도가 약해지고, 무신경하고 무감각해진다."

이는 연인 또는 부부 사이에서 관계의 흥미와 감정적인 연결이 약해지는 권태기에 관한 이야기이다. 그런데 권태기는 광고비에도 존재한다. 처음에는 한 푼 두 푼 애지중지 사용하던 광고비가, 연차가 쌓이면서 금액이 커지거나 고객사가 많아지며 점차 무뎌진다.

마케터가 처음 광고를 시작할 때, 광고비는 마치 연애 초기의 연인처럼 특별하다. 적은 돈이라도 어떻게 써야 최대 효과를 낼 수 있을지 고민하며, 클릭 하나, 노출 하나까지도 세심하게 분석한다. 작은 성과에도 설레고, 잘못된 결정 하나에도 큰 책임감을 느낀다. "이 돈이 제대로 쓰이고 있는 걸까?"라는 질문이 머릿속에서 끊임없이 떠오른다. 그러나 시간이 흐르며, 마케터와 광고비의 관계는 권태기를 맞이한다.

처음 광고 캠페인을 맡았을 때를 떠올려 본다. 예산은 제한적이고, 책임은 막중했다. 예산 할당표를 작성하며 그 한 줄 한 줄에 온 신경을 기울였던 기억이 난다. "이 플랫폼이 정말 적합한가?" "이 카피가 효과적일까?"라는 질문에 답을 찾기 위해 늦은 밤까지 데이터를 분석했다. 돈이 가진 무게감이 실감 나면서도, 그것을 통해 만들어 낼 결과에 대한 기대감은 이 모든 수고와 노력을 정당화했다.

그렇게 신중히 결정한 광고비가 실제로 높은 클릭율과 전환율을 가져왔을 때의 기쁨은 이루 말할 수 없었다. 마치 상대방에게 고백한 후 긍정적인 대답을 들은 연인처럼, 설렘과 보람이 가득했다. 모든 것이 완벽했다.

하지만 광고 예산이 점점 커지고, 캠페인이 반복될수록 상황은 달라진다. 이제 수백만 원, 수천만 원 단위의 돈이 움직인다. 클릭당 비용, 전환 당 비용을 확인하는 일이 일상적인 루틴이 되어 버린다. 처음에는 사소한 변동에도 긴장하며 대응했지만, 이제는 작은 낭비를 별것 아니라고 치부하기도 한다.

전투력

"어차피 예산은 넉넉하고, 성과는 꾸준히 나오고 있으니 큰 문제가 없겠지."

이 시점에서 마케터와 광고비의 관계는 연인이 권태기를 겪는 모습과 닮아 있다. 처음엔 상대방의 작은 변화에도 민감하게 반응했지만, 시간이 지나면 무뎌진다. 작은 실수는 눈감아 버리고, 관계의 특별함은 점차 희미해진다. 광고비도 마찬가지다. 처음에는 신중함과 애정을 가지고 대했지만, 이제는 '돈이 돈을 버는 구조' 속에서 그 존재감이 퇴색된다. 익숙함에서 시작되어 결국 불감증에 이르게 된다.

권태기를 극복하려면

연애가 그렇듯, 마케터와 광고비의 관계도 꾸준한 노력이 필요하다. 권태기를 극복하려면 처음의 설렘을 되살릴 방법을 찾아야 한다. 연애에서 상대방과의 관계를 돌아보듯, 광고비가 왜 쓰이고 있는지를 다시 생각해야 한다. "이 예산이 정말 우리의 목표를 달성하는 데 기여하고 있는가?" 광고비의 목적을 재확인하는 습관이 필요하다.

또한, 새로운 광고 채널을 탐색하거나 기존 채널에서 다른 접근 방식을 시도해 보자. 이는 새로운 데이트를 계획하는 것

마케터의

처럼 관계에 신선함을 더해 준다. 여러 가지 이유로 새로운 시도를 못 할 경우에는, 향후 시도해 볼 매체라도 항상 리스트업해 두자. 연인들이 가볼 만한 데이트 장소나 이벤트를 리스트업해 놓듯 말이다. 그리고 명확한 타겟 설정이나 효과적인 메시지를 고안하거나, 한 번에 대규모로 집행하기보다는 적은 금액으로 A/B 테스트를 진행해 효과가 좋은 캠페인을 확대하는 등 작지만 부지런한 노력이 필요하다.

마지막으로 연애에서도 감정보다 상호 이해가 중요하듯, 광고비에서도 데이터에 기반한 명확한 판단이 필요하다. 클릭률, 전환율, ROAS(Return on Ad Spend)와 같은 지표를 다시 점검하자. 그리고 매달, 매 분기 광고비의 효과를 냉철하게 분석하고, 잘못된 점은 개선해야 한다. 적은 낭비도 더 이상 방치하지 않는다.

권태기는 끝이 아니라 새로운 시작을 위한 전환점이다. 광고비는 단순한 숫자가 아니라 마케터의 창의성과 전략을 표현하는 도구다. 이를 제대로 활용하지 못하면 광고는 그저 돈을 낭비하는 행위로 전락할 뿐이다. 다시 한번 광고비의 중요성을 되새기며 그 관계를 재구축하길 바란다. 마케터와 광고비가 건강한 관계를 유지한다면, 이 둘은 다시금 강력한 시너지를 발휘할 것이다. 처음 광고를 시작할 때 느꼈던 설렘과 책임감을 다시 찾는 순간, 광고비는 단순한 비용이 아닌, 새로운 가능성을 열어 주는 사랑스러운 연인이 될 것이다.

광고비에도 인격이 있다

돈에 무뎌지는 순간 고인물이 된다. 단돈 몇십 원이라도 아껴 쓸 수 있어야 한다. 돈이란 인격체와 비슷해서 어떻게 대하느냐, 즉 태도에 따라 달라진다. 마케터가 돈을 인격체와 같은 관점으로 바라봐야 하는 이유는, 돈이 단순한 수단이 아니라 마케팅의 창의적 성과를 이끌어 내는 파트너로 기능하기 때문이다.

돈을 의인화하면 그 존재를 더 깊이 이해하고 존중하게 되며, 이를 통해 낭비를 줄이고 최적의 활용 방안을 찾게 된다. 마치 동료와의 관계처럼 돈과의 관계를 관리하면, 그 흐름과 결과에 민감해지고 책임감을 느끼며, 작은 변화에도 적절히 대응할 수 있다. 결국, 돈을 단순한 자원이 아닌 협력적 동반자로 여길 때, 마케팅은 더 효율적이고 지속 가능한 성과를 창출할 수 있다.

또한, 마케팅 비용을 얼마나 썼는지와 즉각적인 매체 효과성만 본다면 이는 한쪽 눈을 가리고 있는 격이다. 마케팅 비용은 쓰는 것이 아니라 버는 것이라는 사고가 필요하다. 광고비를 단순히 비용으로 인식하면, 경영학 측면에서 지속적으로 줄여야 하는 것이 맞다. 하지만 광고비의 방향성은 줄이는 것보다 얼마나 벌었는지에 초점이 맞춰져야 한다.

현대 광고의 아버지라 불리는 데이비드 오길비(David Ogilvy)도 『광고 불변의 법칙(거름)』에서 "광고비는 고객의 마음속에 자리 잡기 위한 투자이다. 제품에 신뢰를 더하고 차별성을 부여한다"고 말했다. 이제부터는 "얼마 썼어?"가 아니라 "얼마 벌었어?"로 대화가 바뀌어야 한다.

전투력

마케터의 노트 ⑭

생각의 한 페이지를 채워 보자

---

1) 나는 광고비를 '돈을 버는 도구'로 활용하고 있는가, 아니면 단순한
   '비용'으로 치부하고 있는가? 이 돈이 어떤 결과와 가치를 만들어
   냈는지 고민하고 있는가?

마케터의

2) 작은 낭비나 비효율적인 지출이 발생했을 때, 이를 그냥 넘어가고 있지는 않은가? 적은 비용도 내 돈이라고 생각하며 성과를 개선하기 위해 다양한 시도를 하는가?

이 질문들은 마케터들이 광고비에 대한 인식 전환을 통해 광고 성과를 더욱 극대화할 수 있도록 돕는다.

전투력

성과

성과의 전광판 앞에서

그 해 연말까지 이루기로 한 목표를 2개월이나 앞당긴 데다 목표치보다 15% 이상을 초과 달성한 병원이 있었다. 병원장은 전화를 걸어 이런 날이 올 줄 몰랐다며 기뻐했고, 전 직원에게 식사를 대접하겠다며 날짜를 잡아 달라고 재촉하셨다. 너무 보람되고 기쁜 일이어서 우리는 자축했고, 고생한 이들에게 수고했다며 등을 두드렸다.

하지만 채 몇 분이 지나기도 전에 벅차오르는 뜨거운 성취감은 이내 식어 버리고, "아, 이게 계속 유지되어야 할 텐데, 아니, 계속 더 성장해야 할 텐데"라는 서늘한 압박감으로 바뀌었다.

모든 것은 마음이 지어낸다

반면 어느 클라이언트는 세무사에서 광고비를 왜 이렇게 많이 쓰냐며 줄여달라 요구한다(매출이 1억인데 광고비 200만 원 가지고 그러면 어떡하라는 건가요?). 그러면서 광고비는 줄이고 싶고, 불만족스러운 성과는 올려야 한다는 무리한 요구를 한다. 무기력감과 좌절로 속이 엉망이 된다. 이런 날은 어김없이 점심을 먹어도 소화가 안 되고, 입맛이 뚝 떨어져 버리니 그냥 거르게 된다. 성과는 우리의 식욕도 좌우한다.

마케팅 현장에서의 기쁨은 짧다. 조금이라도 안도할 틈 없이, 우리는 다시 냉정한 고민의 현장으로 되돌아가야 하기 때문이다. 마케팅은 성과로 시작해서 성과로 끝나니, 성과를 직면할 때마다 단단히 붙잡는 일이 필요하다. 하지만 마음을 다 잡는다고 해서 늘 잘 버틸 수 있는 것도 아니다.

'일체유심조(一切唯心造)'는 『화엄경』에 등장하는 구절로, "모든 것은 오직 마음이 지어낸다"는 뜻이다. 이처럼 모든 것은 마음 먹기에 달렸다고 하지만, "괜찮아, 다 잘될 거야"라는 긍정적 사고만으로 충분할까? 오히려 '스톡데일의 역설(Stock-dale Paradox)'에서는 자기방어 측면에서, "잘될 거니까 걱정 마"라는 식의 무조건적인 낙관론은 위험하다고 말한다.

스톡데일의 역설은 미국의 해군 제독인 제임스 스톡데일

(James Stockdale)이 전쟁 포로 생활 중 경험한 역설적인 심리 상태를 설명하는 개념이다. 그는 베트남 전쟁 당시 포로로 잡혀 하노이 포로수용소에서 8년이나 수감되며 수많은 고문을 겪었다. 석방되어 고국으로 돌아왔을 때, 기자들이 어떻게 살아남을 수 있었는지 묻자 그는 이렇게 대답했다. "불필요하게 상황을 낙관한 사람들이 있었습니다. 부활절이 되면 풀어 주겠지? 추수감사절이 되면 풀어 주겠지? 크리스마스가 되면 풀어 주겠지? 라고 막연히 믿고 기대했던 전우들은 희망과 절망을 반복하다 하나둘씩 세상을 떠났습니다. 살아남기 위해 저는 현실의 어려움을 분명히 인정하면서도 희망을 잃지 않기 위해 끊임없이 노력했습니다."°

그는 성공할 것이라는 믿음이 가장 큰 원동력이지만, 눈앞의 냉혹한 현실을 직시하는 규율과 성공에 대한 믿음을 혼동해서는 안 된다고 강조했다. 수용소에서 가장 견뎌 내지 못했던 사람들은 '낙관주의자'였다. "크리스마스에는 나갈 거야"라고 믿었다가 크리스마스가 지나가고, 이런 일이 반복되며 실망하고 상심하다 결국 세상을 떠났다.

이런 무모하고 막연한 낙관주의는 위험하다. 반드시 살겠다는 믿음을 잃지 않으면서도, 당면한 가혹한 현실을 직시하고 마음을 굳게 먹어야 난관을 극복할 수 있다. 결국 '괜찮아, 잘

○   짐 콜린스(Jim Collins), 『좋은 기업을 넘어 위대한 기업으로(김영사)』.

마케터의

될 거야'하고 위로하는 것이 아니라 '아무리 어려워도 나는 이 상황을 직면하고 돌파할 것'이라 다짐해야 한다.

마케터는 전광판 앞에서 웃고 운다

성과는 마케터가 보장할 수 있는 것이 아니다. 마케터는 성과를 극대화하기 위해 어떤 매체를 사용할지 결정하고, 그 매체에 어떤 소구점이 가장 효과적인지 찾아내며, 테스트 캠페인을 돌려보고, 지표가 잘 나오면 이를 강화해 나간다. 단순히 하나의 매체나 캠페인의 KPI가 잘 나오는 것을 넘어, 전체 마케팅 퍼널 측면에서 고객사의 지표(예약률, 부도율, 동의율 등)를 분석하고 내부 마케팅 영역까지 포함하여 최종 목표인 매출 상승을 도모한다. 그러나 이렇게 체계적으로 노력해도 매출 상승은 마케터의 손으로 장담할 수 없다.

게다가 요즘처럼 전 세계 경제지표가 얼어붙고, 체감 경기 불황과 소비 위축이 장기화되는 시기에는 성과를 내기가 더욱 어렵다. 온라인에서 지표가 좋아도, 소비하는 비율이 낮아지고, 이는 곧 매출로 직결된다. 때로는 선거철이나 연말 등 특정 시즌에 대대적으로 시행되는 포털사이트의 갑작스러운 로직 변경으로 성과가 잘 나오던 매체가 갑자기 지표가 급격히 하락하거나, 심지어 죽어 버리는 경우도 허다하다. 동일한 매체와 소구점으로 꾸준히 성과를 내던 곳이 갑자기 이유 없이 성과가 떨어지기도 한다.

이렇듯 결과의 변수는 어디에나 늘 도사리고 있다. 열심히 했고 최선을 다했다면 결과를 긍정적으로 받아들여야 하지만, 경기가 나빠지고 경쟁이 심화되며, 고객들의 요구와 기대가 점점 까다롭고 높아지는 오늘날, 매체의 다양성까지 고려하면 결과를 냉혹하게 바라볼 준비를 해야 한다. 그래서 요즘에는 결과가 나쁘게 나올 경우를 대비해 플랜 B를 내부적으로 준비한다. 최고와 최악의 결과를 예측해 놓으니, 어떤 결과가 나오든 이미 예상했던 범위 안에서 수용할 수 있다.

여전히 매월 보고할 때마다 평가대에 올라선 듯한 기분이 든다. 성과가 좋으면 순간 웃을 수 있는 약간의 틈이 생겼다가도, 실패의 수치는 빠르게 번져 온몸을 너무 아프게 한다. 하지만 그 모든 과정을 껴안고 다시 일어나야 한다. 그러니 최선을 다해 데이터를 기반으로 운영했다면 객관적이고 실질적인 믿음을 가져 보자! 그리고 그럼에도 불구하고 예상했던 결과가 나오지 않을 수 있다는 사실을 미리 직시하고 시나리오를 준비하자.

이렇게 하면 압박감, 방심, 번아웃, 무기력이나 불안 같은 심리적 위험 상태에 계속 빠질 일은 없을 것이다. 마케터는 그렇게 매월 성과의 전광판 앞에서 웃고 운다.

전투력

마케터의 노트 ⑮

생각의 한 페이지를 채워 보자

1) 나는 성과를 지나치게 개인적인 평가로 받아들이고 있지 않은가?
성과가 좋으면 지나치게 자신감에 취하고, 성과가 나쁘면 과도하게
자책하고 있지 않은가?

마케터의

2) 나는 성과 앞에서 흔들리지 않고 꾸준히 성장하고 있는가? 나는 성과를 '단순한 결과'로만 보고 있는가, 아니면 '배움과 성장의 기회'로 보고 있는가?

이 질문들은 마케터들이 성과에 대한 인식 전환을 통해 단기적인 성공이나 실패에 휘둘리지 않고, 지속적인 성장과 개선을 위한 마인드셋을 갖추는 데 중요한 역할을 할 것이다.

전투력

마케팅은 '우연'이다

다섯 번째 질문
아이디어 도출을 위한 나름의 노하우는 무엇인가요?

Y   마케터라면 가장 많이 듣는 이야기 중 하나가 "하반기 캠페인은 어떻게 해 볼까? 다들 아이디어 좀 내볼까?"라는 말이 아닐까 싶어요. 혹시 아이디어 도출을 위한 나름의 노하우나 프로세스가 있다면 말씀해 주실 수 있을까요?

K   저는 기본적으로 감성이나 센스가 뛰어난 사람들, 뭔가를 많이 보고 경험한 사람들이 아이디어를 많이 낼 수 있다고 생각해요. 같은 것을 똑같이 보아도 감성의 반경이 넓은 사람들이 있기 마련이거든요. 그런데 저는 아이디어를 위해 창의적인 것보다 오히려 정리가 더 중요하지 않나 생각합니다. 예전엔 반짝이는 아

이디어 하나만 있으면 사람들 마음을 움직일 수 있을 거라고 믿었죠. 그런데 일하면서 점점 알게 됐어요. 정리되지 않은 아이디어는 설득력을 갖기 어렵다는 것을요. 아무리 멋진 콘셉트도 구조 없이 던지면 듣는 사람 입장에선 그냥 소음일 수 있거든요.

문수정   정말 공감돼요. 저도 아이디어를 낼 때보다 그걸 어떻게 꺼내 보여 줄지 고민하는 시간이 더 오래 걸리는 편이에요. 브리핑 문서 한 줄, 제목 하나, 목차 구성 하나까지요. 정리는 단순히 글을 정돈하는 게 아니라 아이디어의 생명력을 살리는 작업이라고 생각해요. 아이디어를 멋지게 표현하기 위해 정리를 하는 게 아니라, 정리하면서 비로소 아이디어의 방향이 명확해지기도 하더라고요.

S   결국 아이디어와 정리는 분리된 게 아니라 맞물려 있는 것 같아요. 좋은 아이디어는 정리를 통해 설득력을 얻고, 정리는 아이디어의 본질을 드러내게 도와주는 거죠. 저는 그래서 PT 자료 만들 때가 제일 창의적인 시간이라고 느껴요. 아이디어를 정리하는 순간이 오히려 진짜 기획이 시작되는 시간이라는 생각이 들어요.

전투력

K   또 하나는 아이디어 도출에 쫄지 말자는 겁니다. 어차피 TV에 나오는 것도 아닌데 쫄 필요가 없잖아요. 리더 앞에서도 쫄지 않도록 분위기를 만드는 것이 중요하다 생각해요. 무슨 이야기를 하든 자유롭게 말할 수 있는 분위기를 만드는 게 가장 중요하다고 생각해요. 섣불리 "No"라고 말하지 않고, 아이디어를 박수쳐주고 살리는 쪽으로 얘기를 많이 나눴던 것 같아요. 아이디어가 있어도 부담스러워하는 어린 친구들이 많거든요.

Y   제가 좋아하는 말 중 하나가 "아이디어는 누구 한 명의 머리에서 나오는 게 아니라 공간이 만들어 낸다"는 말이에요. 가령 제가 '백 원 딜' 같은 이벤트로 예상치 못한 매출을 올린 적이 있었어요. 두피 각질 제거 제품을 홍보해야 했는데, 어느 날 미용실에서 "광복절에 '두피 각질로부터 독립하자!'는 메시지를 넣어 보면 어떨까?"라는 생각이 떠오른 거죠. 가끔은 사무실을 떠나 자유로운 환경에서 생각하는 것도 좋은 솔루션이 될 수 있다고 봐요.

문수정   더불어 아이디어는 객관적 시각이 필요하다 생각해요. 한때는 '남들과 다른 아이디어'를 내는 게 마케터의 본질이라고 믿었어요. 그런데 일을 오래 하다 보니 깨달았죠. 자기만의 세계에 빠져 다수의 공감을 얻지 못하는 아이디어는 결국 아이디어가 아니라 자기만족일 뿐이라는 걸요. 아무리 기발해 보여도 사람들이 이해하지 못하고 움직이지 않는다면, 그건 실패한 메시지예요. 결국 좋은 아이디어는 독창성과 더불어 '공감의 언어로 번역된 창의성'이 있어야 해요. 창의적인 것과 괴짜스러운 건 다르더라고요.

또, 영감을 얻는 나만의 매체를 하나 정도는 가지고 있어야 한다고 생각해요. 예를 들어, 우리 회사 디자이너는 아이디어가 필요할 때 영화를 많이 보더라고요. 자신에게 영감을 주는 매체를 꾸준히 접하면서 창의적인 순간을 준비하는 거죠. 그리고 아이디어는 양이 질을 앞선다고 생각해요. 어떤 실험에서 두 팀에게 동일한 시간 동안 도자기를 만들게 했어요. 한 팀은 정성껏 1개를 만들라 했고, 다른 팀에겐 20개를 만들라고 했더니 20개를 만든 팀에서 훨씬 우수한 도자기가 나왔더랬죠.

양을 채우기 위해 쏟아 내는 과정 속에서 예상치 못한 참신한 생각이 나오기도 하고, 다양한 아이디어들 간에 연결이 생겨 더 정교한 결과가 나오기도 하더라고요. 압박감 없이 자유로운 발상이 가능해서, 콘셉트 도출시 직원들과 많이 활용하는 방법이고, 항상 이 안에서 결국 콘셉트가 나왔습니다.

S   신입 때, 사수가 없는 상황에서 프로모션 아이디어를 기획한 적이 있었어요. 회사 10주년 기념행사로 영화관을 대관해 내

전투력

151

부 영상을 보여 주는 이벤트였는데, 당시 응답률이라는 개념을 몰라서 참석 인원을 잘못 계산했어요. 결국 영화관 자리가 비고, 마음고생을 했던 기억이 납니다. 이런 실수를 통해 시장 이해의 중요성을 배웠어요. 아이디어를 실행하기 위해서는 아이디어 그 이상의 꼼꼼한 계획이 필요하죠.

K   마케터에게 낯설고 새롭게 보기는 일상이 되어야 한다고 생각해요. 그래서 저는 '거꾸로 생각하기'도 좋아해요. '이 제품이 만약 존재하지 않는다면?'과 같은 생각에서 새로운 인사이트가 나오는 경우가 많습니다. 그리고 완전히 다른 두 가지를 결합하거나 서로 상관없어 보이는 두 가지를 연결하는 등 생각을 비틀어 보는 방법도 유용합니다. 꽤 쓸만한 것들이 나오더라고요.

H   정리, 객관적 시각, 질보다 양, 실행력, 거꾸로 보기 등 다양한 아이디어 방안에 대해 말해 주셨는데요. 너무 공감해요. 들으면서 생각해보니 저는 '관찰'이 저의 아이디어 창고더라고요. 길을 걷다가도, 카페에 앉아 있을 때도 사람들의 대화, 행동, 표정을 유심히 관찰하는 편입니다. 가끔은 전혀 예상치 못한 장소에서 아, 이런 게 사람들한테는 중요한 포인트구나, 하고 깨달을 때가 있어요. 그리고 그때 떠오른 생각은 절대 놓치지 않고 메모해 두죠. 이

런 작은 조각들이 모여서 큰 아이디어가 되기도 하거든요. 결국 아이디어는 순간적인 충동에서 나오는 게 아니라 평상시에 누적해 두었던 나만의 장기 기억에서 인출하는 게 아닌가 싶습니다.

여섯 번째 질문
마케터로서의 나를 성장시킨 책들이 있다면요?

S　　신병철 저자의 『논백 경쟁 전략(휴먼큐브)』은 굉장한 인사이트가 가득한 책이라서 고민이 있을 때마다 찾아보게 되는 책이에요. 또 하나, 잭 트라우트(Jack Trout)와 알 리스(Al Ries)의 『포지셔닝(을유문화사)』은 마케팅을 일로 삼는 분이라면 꼭 봐야 하는 고전이에요. 시장에서 내 브랜드가 어디에 있어야 하는지를 전략적으로 정리해 주는 데 이만한 책이 없어요. 사람마다 콘셉트에 대한 정의와 생각이 다를 수밖에 없는데, 콘셉트는 '마음속 위치'이기도 하잖아요. 이 책은 시장에서의 위치 선점, 차별화, 인식 구조에 대한 고전 중의 고전이에요. 콘셉트를 잡기 전, '이 시장에서 우린 어디에 있어야 하지?'라는 질문에 답을 줍니다.

문수정　　저는 단 한 번도 마케터가 되겠다고 생각해 본 적이 없어요. 우연히 의료계에 입문했고, 또 우연히 컨설팅, 브랜딩, 마케팅을 하게 됐어요. 저는 굉장히 계획 중심적인 사람인데, 제 계획대로 굴러 가는 일이 거의 없음을 깨닫고 나서는 예상치 못한 상황도 받아들이는 유연성이 생겼어요.

그리고 일하는 시간이 행복하지 않으면 인생 전체가 행복할 수 없다고 생각했어요. 그래서 일을 어떻게 바라봐야 할지 고민을 많이 했고, 결국 '마음가짐'이라는 단어에 시선이 갔습니다. 그런 고민에 답을 준 책이 바로 빌 버넷(Bill Burnett)과 데이브 에번스(Dave Evans)의 『일의 철학(갤리온)』이에요.

사실 저는 고등학교 때까지만 해도 미술 쪽을 공부하고 싶었어요. 입시 미술도 했었죠. 그런 면에서 지금 하고 있는 일은 제가 원했던 적성이나 꿈과는 완전히 다른 일이에요. 그래서 우연이 계속되는 상황 속에서 내 커리어의 자리를 어떻게 찾아야 할지에 대한 고민이 많았습니다. 결국 마케터를 하게 되면서 일의 종류와 상관없이 일 자체의 의미를 찾아내려 고민했어요. 커리어의 대부분이 우연이란 말이 있듯이 누구든 우연히 주어진 상황에서 내역할을 잘 찾아내는 일이 굉장히 중요하다고 느꼈어요. 인생에서계획대로 이뤄지는 일이 별로 없지만 그게 인생을 만들잖아요. 결국 우연은 필연이죠.

K   저는 꽤 오래 마케팅 일을 해 왔지만, 늘 '내가 잘하고 있는 걸까'라는 불안감이 있었어요. 그런 마음을 다잡게 해 준 책이 존 고든(Jon Gordon)의 『에너지 버스(쌤앤파커스)』예요. 마케터로서의 고민뿐만 아니라 인간으로서 방향을 잡는 데 큰 도움을 준 책이죠.

일이라는 건 결국 에너지를 쏟는 방향으로 흘러가게 되어 있고, 그게 곧 결과로 이어진다는 말이 굉장히 강하게 와 닿았어요. 내가 억지로 끌고 가는 게 아니라, 진짜로 마음이 향한 방향이 결국 결과가 되는 거라는 걸 이 책을 통해 배웠죠. 열심히 일하면서 평균은 항상 만들어 왔다고 생각해요. 사실 마케터로서 행복하다기보다는 스스로 체면을 지키는 정도로 일해 온 것 같아요. 그런데 우연히 읽은 책이 내 운명이 오직 나의 선택에 의해서만 진행된 것이 아니라, 내가 에너지를 쏟은 곳으로 흘러갔기 때문이라는 사실을 깨닫게 해 주더라고요.

이 책은 제가 마케터로서 힘들 때마다 껴안고 자는 책이에요. 사람이 일을 하면서 힘든 이유는 '내가 못 하는 것 같다'거나 '억지로 하고 있다'는 기분이 들 때인 것 같아요. 그런데 이 책은 네 에너지가 거기로 흘렀고, 그 결과로 네가 잘하고 있기 때문에 흘러가는 거야, 라고 말해 줍니다.

굉장히 냉정한 책인데 그래서 좋아요. 만약 네가 지금 불편하다면, 그건 네 에너지가 부족하기 때문이라고 말해 줘요. 에너

전투력

지가 잘 맞으면 애쓰지 않아도 잘될 거라고도 얘기하죠. 책을 읽다 보면 무릎을 탁 치게 되는 문장들이 많아요. 사실 아직은 완전히 이해할 수 없지만, 언젠가 제가 성장하면 이 책이 정말 재미있어질 것 같아요.

마케팅에 관련된 스킬은 열심히 일하면서 자연히 알게 되겠지만, 마인드 컨트롤은 어렵잖아요. 이 책은 그런 마음가짐을 잡아 주는 책이라, 저처럼 비슷한 고민을 가진 마케터들에게 꼭 추천해 주고 싶어요.

Y 저는 미즈노 마나부(水野 學)의 『센스의 재발견(하루)』을 통해 "센스는 타고나는 게 아니라 쌓는 것이다"라는 말을 믿게 됐어요. 매일 아이디어를 짜내야 하는 마케터의 일상에 이 책은 꽤 실용적인 영감을 줬어요. 날마다 아이디어를 내야 하는 마케터의 일상에서 저자는 센스도 기를 수 있다고 말해 줍니다. 센스란 축적의 힘이라는 거죠. 그동안 축적된 생각들이 어느 순간 적절하게 맞아떨어지는 순간이 온다는 얘기예요.

센스는 결국 평상시에 얼마나 관찰하고, 얼마나 집요하게 반복하고, 얼마나 정확하게 맥락을 읽는가에서 나오는 기술에 가깝다는 걸 깨달았죠. 예전에는 누군가의 직관적인 한 줄이 부러웠는데, 이 책을 읽고 나선 그런 문장 뒤에는 훈련된 안목과 촘촘

한 사고 과정이 있다는 걸 알게 됐어요. 그래서 저는 센스는 감각이 아니라, 쌓이고 다듬어지는 태도라고 재정의했죠.

　　이렇게 책을 읽는 마케터는 타인의 언어를 이해하면서, 자신만의 언어를 만들어 가요. 마케팅은 결국 사람을 읽는 일이고, 책은 그 사람을 만나는 통로가 됩니다.

문수정　아, 그리고 이런 이야기를 하다 보면 꼭 누군가가 물어봐요. "바쁜데 책은 언제 읽어요?" 혹은 "실무에 바로 도움 안 되는 책은 굳이 읽을 필요 없지 않나요?" 같은 질문이요. 근데 저는 오히려, 마케터라서 다양한 책을 읽어야 한다고 생각해요. 마케팅이란 게 결국 '사람의 마음을 읽는 일'이잖아요. 그런데 그 마음이라는 게 꼭 마케팅 책 안에만 있는 건 아니거든요. 소설이든 철학이든, 누군가의 에세이든 다 그 안에 '사람'이 있어요. 그걸 읽을 줄 아는 사람이 결국 더 좋은 브랜드, 더 오래가는 메시지를 만들 수 있다고 믿어요.

　　게다가 책은 좀 달라요. 검색처럼 답을 알려 주진 않지만, 생각의 결을 만들어 주고, '어떻게 질문할 것인가'를 배우게 하죠. 그게 저는 마케터에게 정말 필요한 능력이라고 생각해요. 결국 우리가 말하는 브랜드의 힘이라는 것도 다 누군가의 문장, 누군가의 생각, 누군가의 이야기에서 시작되니까요.

마케터의

성장법

정리
마케팅의 효용은 단순함에서

공부
배우고 깨치고 있다는 자신감

정체성
이것은 모두 '나의' 일이다

휴식
0이 아닌 100이 되는 힘

회고
성장의 레버리지를 높여라

정리

마케팅의 효용은 단순함에서

A "지난번 퇴사자가 퇴사하면서 자료 백업을 해 놓지 않
   았어요. 다시 새로 제작해야 해서 라이브까지 시간이
   좀 걸릴 것 같아요."

B "아, 이 업무가 더 급한 것이었나요? 저는 그건 나중으
   로 미뤄 두었었는데…."

C "음… 미처 그것까지는 생각하지 못했어요."

업무 현장에서 흔히 볼 수 있는 이런 일들은 '정리력 결핍
증' '정리력 불감증'에서 비롯된 증상들이다. 업무가 점점 복잡
해지고, 다루어야 할 내용들이 많아질수록 우리는 정리의 효

용인 '단순함'을 잃어 가곤 한다. 일이 많아질수록 복잡함 속에 빠져 허우적거리기 쉬워진다. 그러나 일을 잘하는 마케터는 복잡한 업무 속에서도 본질을 파악하고, 중요한 것에 집중해 단순하게 일을 풀어 나간다. 이 단순함이 바로 마케터에게 중요한 업무 정리의 핵심이다. 단순함은 혼란을 피하고, 명확한 목표에 집중하게 만들어 준다.

'쪼개는 기술'과 마케팅 정리력

마케팅 업무는 다양한 분야를 아우른다. 캠페인 기획, 콘텐츠 작성, 소셜 미디어 운영, 광고 예산 관리, 데이터 분석 등 업무의 종류도 많고, 일 처리 과정도 복잡하다. 이처럼 다양한 업무를 동시에 처리하면서도 혼란을 느끼지 않으려면, 업무를 잘 정리하고, 저장하고, 효율적으로 관리할 수 있는 능력이 필요하다. 당연히 단순화된 업무 처리는 집중력을 높여 주고, 불필요한 업무를 줄여 줘서 실제 중요한 일에 더 많은 에너지를 쏟을 수 있게 한다.

마케팅은 그 자체로 빠르게 변하고 변화에 대응해야 하는 환경에 놓여 있으므로, 업무가 지나치게 복잡하거나 분산되어 있으면 효과적인 결정을 내리기 어렵다. 따라서 마케터는 끊임

성장법

161

없이 정기적으로 정리하고, 저장하고, 우선순위를 세우며, 본질적인 문제를 해결하는 데 집중해야 한다.

내가 주니어 마케터들에게 시간을 가장 많이 할애하며 도움을 주는 부분은 바로 '업무 우선순위'이다. 이들은 주어진 일을 해야 한다는 의무감은 있지만, 눈앞의 업무를 순차적으로 '그냥' 하다 보면 정작 중요한 업무를 놓치거나 지연되는 경우가 발생한다. 업무 정리의 첫 번째는 목표를 명확히 하고, 목표에 따라 업무의 우선순위를 분류하는 것이다. 마케터는 단순히 급한 일보다, 비즈니스 목표와의 정합성, 성과 기대치, 자원 대비 효율성을 기준으로 우선순위를 세워야 한다. ROI가 높고 브랜드나 전환에 실질적으로 기여하는 일부터 집중해야 하며, 시급한 업무는 일정에 맞춰 처리하되, 넓은 안목으로 성과를 축적할 수 있는 중요한 일에도 일정 시간을 배분하는 전략이 필요하다. 예를 들어, 급하게 진행해야 할 광고 수정을 빠르게 마친 후, 좀 더 시간을 투자해 데이터 분석을 통해 개선점을 찾아내는 방식이다.

다음으로는 '쪼개는 기술'이 마케팅 정리력을 기르는 데 도움이 된다. 마케팅 업무는 많은 작업이 얽혀 있기 때문에, 업무를 세분화하여 효율적으로 처리하는 것이 중요하다. 예를 들어, 캠페인 준비 단계에서 '대상 고객 조사' '콘텐츠 제작' '광고 예산 편성'을 한 번에 동시에 하려고 하면 혼란이 발생할 수 있다. 이때 각 업무를 독립적으로 나누어 하나씩 처리하고, 각 단계가 끝난 후 다음 단계로 넘어가는 식으로 작업을 순차적으로 진행하는 것이 좋다. 기억하라, 잘 쪼갤 수록 일이 쉬워진다. 복잡한 업무를 정리함으로써 업무가 체계적이고 일관되게 진행될 뿐 아니라 팀 내 협업을 촉진하고, 일의 흐름을 원활하게 한다. '쪼개는 기술'이 잘되면 생각 정리가 잘 이루어져, 앞의 C와 같이 미처 생각하지 못한 변수를 충분히 줄일 수 있다. 생각 정리를 위해서는 대·중·소 분류 잡기(계층 구조화)나 마인드맵 같은 도구를 활용하는 것도 효과적이다.

그리고 무엇보다 단순화된 업무는 마케터에게 더 많은 창의성을 발휘할 수 있는 여유를 준다. 마케팅은 결국 사람들의 마음을 움직이는 일이다. 그를 위해서는 창의적인 아이디어가 중요한데, 복잡한 절차의 업무는 창의적 사고를 방해한다. 단순하고 명확한 업무 정리는 마케터가 창의적인 생각에 집중할 수 있는 환경과 여건을 만들어 준다.

마케터에게 정리력이 필요한 이유

마케터에게 업무 정리는 단순히 효율성을 높이는 데 그치지 않는다. 그것은 목표 달성을 위한 핵심적인 전략이다. 그래서 나는 정리에 대해서는 '집착'에 가까운 '완벽에의 충동'을 보인다. 하루 종일 시간을 내어 노션과 폴더를 정리하고, 단순화를 위한 별도의 시간을 투자한다. 마케팅에서도 단순화는 핵심이 된다. 목표를 명확히 하고, 우선순위를 세우며, 업무를 나누어 처리하고, 결과에 집중하는 자세가 중요하다. '정리력'을 기른 마케터는 더 큰 성과를 거둘 수 있으며, 더 창의적이고 효율적인 마케팅 전략을 펼칠 수 있게 된다.

나도 성과가 하락했을 때 과거 비슷한 현상의 시점 데이터를 중심으로 다시 검토하면서, 현재 시점에서 비교적 빠른 분석과 대안 도출이 가능해졌고, 위기 상황 대처 시간이 1/5로 줄어들었다. 광고비 초과가 발생한 경우나 마케터의 갑작스러운 부재 시에도 마케팅 캠페인 진행의 현재 상황, 다음 단계, 완료된 작업을 정리한 문서를 공유하면 팀원 간 혼선을 방지하고, 원인을 빠르게 규명하거나 효과적으로 처리할 수 있었다. 평상시에 다져 놓은 정리력이 빛을 발한 순간이었다.

마케터의 노트 ⑯

생각의 한 페이지를 채워 보자

---

1) 나는 내 업무의 목표와 우선순위를 명확히 하고 있는가? 우선순위별
   업무를 작은 단위로 쪼개고, 단계별로 순차적으로 진행하고 있는가?

2) 나는 정리된 업무 환경으로 더 창의적으로 일할 수 있는 시간을
   확보하고 있는가? 나는 일을 단순화하고 정리함으로써 내 에너지를
   중요한 일에 집중하고 있는가?

이 질문들은 마케터들이 정리력을 통해
단순화의 힘을 발휘하고, 중요한 일에 집중할
수 있도록 방향을 잡아 줄 것이다.

마케터의

공부

배우고 깨치고 있다는 자신감

    나는 여전히 '공부'라는 심심한 단어를 종종 사용한다. 마케터로, 사회인으로 잘살기 위해서는, 아니 살아남기 위해서는 공부를 정말로 놓아선 안 된다고 믿는다. 20년 차가 된 지금도 나의 업무 스케줄과 다이어리에는 '공부'가 타임라인 곳곳을 차지하고 있다. 공부하지 않고, 학습 커리어를 쌓아 가지 않는 마케터는 용감한 건지, 아니면 포기한 건지 어쩌면 둘 다 일지도 모르겠다.

나비와 나방을 구분할 수 있는가

언어가 풍요로워지면 마케팅 사고가 확장된다. 언어유희적 표현이나, 1mm의 오차도 없이 딱 맞는 단어 하나를 도출해 내는 것. 이것이 마케팅 업무에서 얼마나 중요한 작업인지 마케터라면 모를 리 없다. 『일반언어학 강의(그린비)』의 저자인 스위스의 언어학자 소쉬르(Ferdinand de Saussure)는 '시니피앙(signifiant)'과 '시니피에(signifié)'라는 개념을 소개한다. 기표(記標)와 기의(記意) 정도로 번역되는 듯한데, 소쉬르는 개념을 나타내는 언어를 시니피앙, 언어에 의해 표시되는 개념을 시니피에라고 정의한다. 즉, <나비>라는 글자 자체는 시니피앙이고, <나비>라는 단어가 가리키는 구체적인 개념인 <나비>의 실제 이미지는 시니피에다. 우리나라는 <나비>와 <나방>이 단어로도, 생물학적으로도 다른 개념으로 구분된다. 하지만 프랑스어에는 <나비>나 <나방>이라는 단어가 없고, 이 둘을 모두 포함하는 <빠삐용(papillon)>이라는 단어만 존재한다.

결국 더 많은 시니피앙을 가질수록 대상에 대한 깊이 있는 이해, 다양하고 풍성한 분석이 가능하다. 인간은 세상을 언어로 이해한다. 언어를 모른다는 것은 곧 세상을 잘 이해하지 못한다는 의미다. 언어의 한계는 생각의 한계가 되고, 사고의 한계가 된다. 공부는 이런 언어의 확장을 돕는다. 마케팅 관련

서적 뿐 아니라, 평소 잘 사용하지 않는 단어들이 있는 시집, 에세이, 매거진 등으로 언어를 확장할 수 있는 말랑한 공부를 시작해 보자.

나에 대해 공부한다는 것

마케팅을 할 때는 나의 기호와 선호를 아는 것도 중요하다. 더불어 '훌륭한 취향'을 가질 수 있도록 노력해야 한다. 이제는 기호의 매력이 없는 상품이나 서비스는 살아남기 힘들다. 상품이나 서비스가 어떤 차이를 지니는지, 어떤 '차이'를 만들어 내는지를 알아차리지 못한다면, 어떻게 성공할 만한 상품이나 서비스를 만들어 낼 수 있겠는가. 그런 측면에서 마케터로서 훌륭한 취향을 갖는 것은 단순히 개인의 미적 선호를 넘어, 소비자와 브랜드 사이의 관계를 효과적으로 파악하고 성과를 창출하는 데 밑천이 된다.

다양한 소비 경험도 마케터에게는 공부가 된다. 마케터는 항상 구매할 이유를 찾고 고민하기에, 나의 소비를 통해 이 제품을 선택한 진짜 이유와 숨겨진 심리를 탐구하거나 생산자의 의도를 파악해 볼 수 있다. 최근에는 지인들과 함께 '최근에 가장 나를 행복하게 한 소비'에 대해 이야기를 나눴는데, 기대를 넘어서는 구매 이유를 발견할 수 있었다.

무엇보다 중요한 나에 대한 공부 중 하나는, 나를 객관적으로 바라보는 자신과의 '거리 두기' 방법이다. 한참 업무 과몰입으로 번아웃이 왔을 때, 알게 된 명상법이다. 번아웃이 왔을 당시에는 불안이나 두려움의 감정을 곧 나 자신이라고 착각했지만, 명상은 나를 제대로 볼 수 있도록 도와주었다. 내 감정이 나 자신을 대변하는 것이 아니라, 나는 그 감정을 느낄 뿐이라는 것을 깨달으며 감정과 나를 분리하고 객관화할 수 있었다. 마치 남을 보듯, 또는 영화 속 인물을 보듯 나를 옆에서 관찰하는 상상도 큰 도움이 된다. 몰입의 구덩이에서 벗어나 거리를 두고 바라볼 때 비로소 객관적인 모습이 보이고, 더 현명하게 문제를 해결할 수 있었다. 조금은 멀리 두고 볼 때 더 선명하게 보이는 법이다. 보다 또렷한 나를 발견하기 위해, 가끔은 남을 보듯 멀리서 나를 관찰해 보자.

공부가 주는 유익

마케터로 일하는 순간부터 날마다 책을 사서 읽었고, 온라인과 오프라인을 막론하고 엄청난 수업료를 지불해 가며 정말 열심히 배웠다. 브랜드 공부를 할 때는 데이비드 아커(David A.

Aaker)를 포함한 구루들의 서적을 섭렵하고, 관련 교육 기관의 오프라인 교육에 참석했다. 마케팅 전략은 한국생산성본부나 능률협회 등의 교수진 강의부터, SNS에서 요즘 핫한 실무 강사들까지 편식하지 않고 다양하게 공부했다. 마케팅 및 브랜드 전략, 콘텐츠 기획, 블로그, 카피라이팅, 유튜브, SNS 등 온·오프라인 교육을 다양하게 수강했다. 똑같은 수업도 현업 상황에 따라 다르게 느껴지고, 다른 방식으로 소화된다. 한 번 더 곱씹고 공부할수록 피가 되고 살이 된다.

아직도 주말이나 쉬는 날에는 책을 끼고 있어, 딸은 "엄마, 또 마케팅 책 읽어?"라며 혀를 끌끌 찬다. 하지만 공부는 단순히 정보를 넣는 시간에 그치지 않는다. 고민이 될 때 공부의 자리로 나가면 어김없이 실마리를 제시받는다. 학습 동지들과의 만남도 좋은 자산이 된다. 현업에서 유용한 정보 공급원이 되거나 고민 상담자가 되기도 한다.

마케터는 보고할 일이 많아 프레젠테이션 능력을 자주 평가받는다. 하지만 프레젠테이션 능력은 단순히 말솜씨가 좋아서 생기는 것이 아니다. 먼저 생각이 좋아야 하고, 생각이 가득 차 있어야 생동감 있는 커뮤니케이션이 가능하다. 공부는 생각의 밀도를 높이고, 아는 것을 실천할 수 있도록 돕는다.

공부는 단순히 지식을 쌓는 것을 넘어, 자신감을 높여 준다. 마케터는 실행하고, 분석하며, 새로운 전략을 세우는 과정에서 자신을 믿어야 한다. 공부하고 있다는 자신감이 성장의 속도를 높여 준다. 공부는 나를 더 창의적이고, 전략적이며, 자신감 있는 마케터로 성장시키는 과정이다. 배움은 손실 위험이 없는 최고의 재테크다. 이래도 공부를 멈출 수 있겠는가? 당신은 지금 어떤 공부를 하고 있는가?

마케터의 노트 ⑰

생각의 한 페이지를 채워 보자

1) 나는 나의 '언어'와 '사고의 한계'를 확장하기 위해 어떤 공부를 하고 있는가? 나는 지금 무엇을 배우고 있으며, 그 배움이 나를 어떻게 성장시키고 있는가?

2) 나는 학습을 통해 '실제 문제 해결력'을 높이고 있는가? 공부한 내용을
단순히 지식 축적에 그치지 않고, 내 일에 어떻게 적용할 수 있을지
고민하고 있는가?

이 질문들은 마케터들이 학습의 중요성을
되새기고, 지속적인 공부를 통해 자신감을
높이며 문제 해결력을 강화할 수 있도록
돕는다.

마케터의

정체성

이것은 모두 '나의' 일이다

"저는 마케터인데, 왜 이런 일까지 해야 하나요?"
"저는 CE예요, 기획자가 필요해요."

예전에 경력직 채용을 진행하면서, 기억에 남는 일이 있다. 국내 최고의 광고대행사 출신으로 누구나 알 만한 경력을 가진 사람과, 호주의 유명 대학 출신에 다양한 해외 연수 경험이 있던 사람을 채용하며 적잖은 기대를 걸었다. 하지만 그들은 내 기대를 충족할 만한 실력을 발휘하기는 커녕, 하나같이 공통으로 업무를 시작하자마자 AE(Account Executive: 광고를 총책임지는 대행사의 기획자), CD(Creative Director: 크리에이티브 전체의 콘셉트와 최종 제작물을 총괄하는 사람), AD(Art Director: 크리에이티브 비주얼에 업무를 총괄하는 사람) 등 각 역할에 따라 따로 담당자가 필요하다고 하며, 분업 체계를 요구했다. 하지만 현실적으로는 마케터가 이렇게 각 태스크 별 담당자가 명확히 분리된 상태에서 업무를 하기 어려운 구조가 많다. 멀티플레이어가 되어야 할 때가 많고, 때로는 "이것도 내가 할 일인가?"라고 생각되는 일까지 마주하게 된다. 오죽하면 AE라는 말의 어원이 "A ㅏ… E것도 제가 하나요?"라는 문장에서 나왔다는 농담이 있을 정도다.

물론 컴퓨터를 고쳐 달라는 등의 요상한 업무가 핵심 업무를 심하게 방해한다면 단호하게 거절할 필요가 있다. 하지만 대부분의 경우 그렇지 않다. 그럼에도 불구하고 과도하게 업무의 경계선을 진하게 그려 놓고 조금이라도 침범할 기세가 보이면 "이것은 나의 일이 아니다"라는 방어적인 태도는 자신에게 도움이 되기보다는 도움을 받을 기회를 잃게 만든다. 현장 접점 직원들과 친밀함을 유지하는 마케터는 고객의 피드백이나 현장 상황에 대한 살아 있는 이야기를 통해 더 많은 고객 인사이트를 발견할 수 있다. "내 영역을 침범하지 마" 식의 두터운 경계선은 이런 진한 정보 교류조차 가로막으며, 결국 자신만 고립시키는 울타리를 만든다.

업을 대하는 주체성에 대해

대표적인 실존주의 사상가인 장 폴 사르트르(Jean Paul Sartre)는 '앙가주망(Engagement)'이라는 철학적 개념을 통해 개인의 역할을 어떻게 이해하고 실천할 것인지에 대한 문제를 다루었다. 한마디로 주체적으로 세상일에 관여하고, 참여하라는 뜻이다. 이는 스스로의 행동이나 내 인생에서 일어나는 모든 일들에 대한 관점까지도 포함한다. 내 인생에서 벌어지는 외부의 일들을 환경이나 사건으로 보거나 별도로 생각하지 말라고 했다. 벌어지는 모든 현실을 나의 일로 주체적으로 받아들여 더 좋은 방향으로 이끌고자 하는 태도, 즉 앙가주망이 중요하다는 것이다.

단순히 일을 월급과 맞바꾸는 노동 그 이상도 이하도 아니라고 생각하는 사람이라면, 이미 이 글을 읽고 있을 리 만무하겠지만, 다시 한번 일을 생계나 직업의 수단을 넘어선 것으로 강조하고 싶다. 일은 나의 강점과 가치를 세상에 전달하고, 지속적으로 나를 성장시키는 과정이다. 그렇기에 일은 내가 살아가는 방식이고, 세상에 쓰이는 형태이며, 나의 존재를 가장 잘 발현할 수 있는 도구다. 일은 월급 외에도 성취감, 자신감, 배움, 동료애, 의미, 도전 등 다양한 가치를 준다. 일의 충실함이 쌓여 경력과 경험이 되고, 내 인생이 된다. 일을 가치 있게 대하는 태도는 곧 시간의 밀도를 차이 나게 한다. 똑같은 몇 년이라도 일을 바라보는 시선에 따라 경험이나 인사이트는 눈에 띄게 달라진다. 내가 맡은 일의 주인이 되면 그 모든 순간이 내 자산을 쌓는 일이 된다. 경험은 가치가 되고, 미래의 역량이 된다. 매 순간을 의미 있고, 보다 유연하고 포용적인 시선으로 밀도 있게 일해야 하는 이유다.

태스크 보다는 태도와 시각

마케터의 정체성은 고객의 목표인 매출 증대나 브랜드 인지도 확대, 성공적인 프로모션 런칭 등을 위해 당면한 문제들을 해결하며 다각도로 실행하는 것이지, 특정 태스크를 수행하는 것에 국한되지 않는다. 기획자, 디자이너, 카피라이터 등 업무 단위로 단순히 하나의 아이덴티티로 자신을 규정할 이유가 없다. 하루 종일 일러스트 파일을 만지는 디자이너는 아니더라도, 문제 해결을 위해 때로는 디자이너의 감각으로, 때로는 카피라이터의 감성을 넣어 마케팅을 전두지휘해야 할 때가 많다.

결국 마케터란 무슨 일을 하는 사람이 아니라 무엇을 위해 존재하는 사람인지로 정의되어야 한다. 인하우스냐 대행사냐에 따라 태스크의 차이는 조금 있을지 몰라도 태도(Attitude)

에는 차이가 없다. 마케팅은 단순히 제품이나 서비스를 알리는
활동이 아니라, 시장과 고객을 이해하고, 그들의 요구를 충족
시키기 위해 끊임없이 조정하고 개선하는 지속적인 과정이다.
스스로에게 질문해 보자.

"나는 누구인가?"
"나는 무엇을 하고 있는가?"

마케터의 노트 ⑱

생각의 한 페이지를 채워 보자

1) 나는 일을 할 때 '주체적인 태도'를 가지고 있는가? 태스크 중심의 수동적 사고에서 벗어나 '문제 해결자'로서의 스스로를 정의할 수 있는가?

**2) 나는 내가 하는 일에 대해 '나만의 철학과 관점'을 가지고 있는가?
고객의 요구를 넘어 어떤 가치를 만들어 내고 있는지 고민하고
있는가?**

이 질문들은 마케터로서의 존재 이유와
가치를 다시 생각하게 하고, 단순한 직무
수행을 넘어 자신만의 철학과 관점을
구축하여 정체성을 재정립할 수 있도록
돕는다.

성장법

휴식

0이 아닌 100이 되는 힘

존경하는 지인의 적극적인 소개로 마케팅을 시작한 병원이 있었다. 소개자의 얼굴을 봐서 라도 무조건 이 병원을 성공시켜야겠다는 의지가 강했다. 그 병원은 암 치료가 주된 치료라 경쟁이 치열했다. 대학 병원, 한방 병원, 요양 병원, 전문 의원 등 의학 뿐 아니라 제약, 민간요법 등 대체제도 많아 생각보다 광고 단가도 높았다. 계약 이후 줄곧 밤낮, 주말 할 것 없이 온통 그 병원의 마케팅을 성공시키기 위해 신경이 곤두서 있었다. 3개월 안에 승부를 봐야 한다는 압박감은 쉼 없이 나를 몰아쳤다. 계획대로 되지 않거나 지시한 것들이 하나라도 이행되지 않으면 직원들에게 화를 냈고, 더 강하게 밀어붙였

마케터의

다. 그렇게 몇 개월 후, 다행히도 고객으로부터 "환자가 늘어나는 것 같다. 예약이 꽉 찼다"라는 피드백을 받게 되었다. '이제 제대로 이륙했구나'라는 안도감과 동시에 나는 극심한 피로와 스트레스로 번아웃 상태에 빠져 한동안 일이 손에 잡히지 않았다. 에너지가 방전된 배터리처럼 아무것도 할 수 없는 상태였다. 나는 다시 업무를 정상적으로 보기까지 꽤 오랜 시간을 힘들게 보냈다.

왜곡된 생산성

휴식 없이 일만 보고 달린 마케터들의 번아웃 사례는 더이상 낯설지 않다. 업무 생산성, 업무 효율성이라는 이유로 쉼을 죄악시하고, 늘 바쁘게 '푸시'하며 몰아붙이는 방식이 '능력 있고 일 잘하는 마케터'라고 여겨지는 잘못된 인재상의 결과이다. 이는 쉽게 번아웃 상태로 이어지며, 오히려 중요한 순간 건강 문제로 일을 중단해야 하거나 일을 그르치는 일도 발생한다. 이런 경우 주변 팀원들이 급하게 작업을 이어받기도 하지만, 이런 식의 업무 인계는 결국 프로젝트의 실패 확률을 높인다.

우리는 그동안 산업혁명적 사고의 잔재 때문에 생산성을

단순히 더 많은 시간을 투입하고 더 많은 산출을 내는 방식으로 평가해 왔다. 이런 관점은 공장에서의 단순 노동에는 적합했지만, 창의력과 사고력이 요구되는 지식 노동에는 맞지 않았음에도 동일하게 적용돼 왔다. '더 많이, 더 빨리'가 기준이 된 속도 중심의 문화는 우리에게 더 빠르고 더 많은 성과를 요구하며, 노동자를 시간 단위로 평가한다. 하지만 이는 과로와 스트레스를 초래하며, 번아웃으로 이어져 오히려 장기적 성과를 저해한다.

죄책감을 갖는 이유

『딥 워크(민음사)』의 저자 칼 뉴포트(Cal Newport)는 "깊이 집중하는 시간만큼이나 휴식 시간 또한 중요하다"고 강조하며, 뇌가 재충전되는 시간이 없을 경우 생산성은 오히려 감소한다고 설명했다. 『리워크(21세기북스)』에서도 제이슨 프라이드(Jason Fried)와 데이비드 하이네마이어 핸슨(David Heinemeier Hansson)은 "일의 양보다 일의 질이 중요하다"고 강조하며, 짧은 시간 동안 집중해서 일하고 충분히 쉬는 것이 오히려 장시간 일하는 것보다 생산성이 높다고 주장했다. 다양한 연구 결과에서 보여 주듯이 최상의 퍼포먼스를 내기 위해서는 단순히 더 많은 시간을 일하는 것이 아니라, 적절한 휴식을 통해 몸과 마음의 에너지를 충전하는 것이 필수임을 기억해야 한다. 알버트 아인슈타인(Albert Einstein)은 마음의 평정을 찾고자 쪽배를 타고 바다로 나갔고, 베토벤(Ludwig van Beethoven)은 장대한 작곡을 하면서 오후마다 장시간 산책을 하고 선술집에 들러 신문을 읽었다고 한다. 그들이 생각하는 쉼은 일 그 이상의 의미가 있었던 것 같다. 하지만 현재 우리의 모습은 어떤가? 맹목적인 근면이 도덕적 선이 되었고, 과로를 미덕으로 삼는다.

타임오프는 의무

나는 쉬면 뒤처진다는 잘못된 생각, 한 번 의자에 앉으면 몇 시간 동안 움직이지 않고 집중하는 습관 때문에 등과 목의 통증이 계속되었다. 결국 어깨는 수술을 해야 할 지경에 이르렀다. 한 번 일어나면 일의 흐름이 끊긴다는 이유로 점심도 거르기 일쑤여서 만성 소화 불량과 어지럼증을 달고 살았다. 이러한 몸 상태로 기인한 극심한 번아웃의 동굴로부터 어렵게 빠져나온 후부터는 업무량이나 업무 속도가 아닌 지속 가능성에 초점을 두기 시작했다.

우선 '생산성'은 일을 단순히 빠르게 많이 하는 것이 아니라, 장기적으로 안정적이고 건강하게 지속할 수 있는 방식으로 재정의했다. 그리고 90분 동안 집중한 후 5~10분 간의 휴식을 취하는 마이크로 브레이크부터 시작했다. 책상에서 일어나 기지개를 켜거나 잠깐의 깊은 호흡, 또는 창밖을 바라보는 것만으로도 새로운 에너지가 차올랐다. 직원들과는 티타임을 종종 갖고, 한 달에 한 번은 제법 긴 점심시간을 가지거나 외부로 나가 신선한 공기를 마시며 산책하는 등 매크로 브레이크도 갖기 시작했다.

취미는 개인의 행복감과 만족감을 높이고, 일상의 스트레스에서 벗어나게 해 준다. 글쓰기나 그림과 같은 창의적인 취미는 새로운 아이디어나 영감을 주기도 하고, 업무와는 전혀 다른 시간에 몰두하게 해 정신적 회복을 돕는다.

지속 가능한 성장을 위해 한걸음 물러서기

일 잘하는 마케터는 단순히 업무 시간을 늘리는 사람이 아니라, 효율적으로 몰입하고 효과적으로 쉬는 사람이다. 지속적으로 높은 성과를 내고 건강한 몸과 마음을 잃지 않기 위해서는 일과 휴식의 균형을 맞추어야 한다. 자신을 돌보고, 적절히 쉬며, 균형 잡힌 삶을 사는 것이 궁극적으로 더 나은 관계

마케터의

와 미래를 만들어 낸다.

부지런함은 좋지만 분주함은 멈추어야 한다. 약간 느려도 괜찮으니 자신에게 친절하라. 때로는 의도적으로 일에서 물러서고 쉼에 다가가라. 이것이야말로 일 잘하는 마케터가 되는 첫걸음이다. 건강한 쉼은 0이 되는 것이 아니라 100을 채울 수 있는 힘이 된다.

마케터의 노트 ⑲

생각의 한 페이지를 채워 보자

1) 현재 업무 방식과 속도를 유지하면서 장기적으로 건강과 성과를
   관리할 수 있는가? 지금의 방식이 몸과 마음에 부담을 주고 있지는
   않은가?

2) 내가 현재 쉼을 유지하지 못하는 이유는 무엇이며, 일과 삶의 균형을 맞추기 위해 필요한 것은 무엇인가?

이 질문들은 마케터들이 스스로에게 희생을 강요하기보다는 자신의 삶의 균형을 찾고 성장을 도울 수 있는 출발점이 될 것이다.

성장법

회고

성장의 레버리지를 높여라

"성과가 나기까지 초기에는 무조건 노출량을 확보하는 것이 무엇보다 중요했습니다."

"초기 키워드를 도출하는 과정에서 검수 단계가 누락되었습니다."

"늘 반복하던 일에 매몰되어 중요한 목표를 잊고 있다가 다시 목표를 챙기게 되었어요."

"심혈을 기울여서 만든 채널 시안인데, 결국 드랍이 됐어요. 선호가 분명한 고객은 처음에 레퍼런스를 먼저 공유하는 것이 중요하더라고요."

마케터의

회사에서 매월 한 번씩 갖는 회고 시간에 나온 다양한 의견들이다. 평상시에 프로젝트별 PDS(Plan-Do-See)에 맞춰 일을 하고, see에 대해서는 보다 깊이있는 시간을 두고 교류하는 see study라는 업무 회고와 성찰의 시간을 갖는다. 목표 및 성과를 달성했는지 평가하는 경우를 포함해서 다음과 같은 다양한 주제를 다룬다.

- ▶ 또 이러진 말자! → 해 봤는데 실수한 것
- ▶ 다음 번엔 더 가뿐하게! → 안 해 본 것, 새로운 것?
- ▶ 4L(Liked, Learned, Lacked, Longed for) → 좋았던 것, 배운 것, 부족한 것, 갈망한 것
- ▶ 체계적인 회고가 필요할 땐 KPT(Keep-Problem-Try)나 OKR 프레임 워크를 활용

이런 방법들은 단순히 회고 미팅을 '좋았다' '좋지 않았다' 등의 감정적인 판단으로 끝내지 않고, 구체적인 경험과 사례를 기반으로 '성장하는 대화'로 이어가게 돕는다. 시간이 누적될수록 가치 있는 다양한 의견들이 교류되고, 서로 간접 경험의 폭과 깊이가 확대되는 경험을 하게 된다. 회고란 '뒤를 돌아본다'는 의미로, 우리가 했던 일들을 복기하고 배울 점을 찾는 것

을 뜻한다. 고대 그리스 철학자 소크라테스(Socrates)는 "성찰하지 않는 삶은 살 가치가 없다"고 말하며, 인간의 삶에서 성찰의 중요성을 강조했다. 이는 자신의 삶에 대한 비판적 고찰이나 반성 없이 살아가는 것은 진정한 지혜와 성장을 얻을 수 없다는 뜻으로, 끊임없이 자신을 돌아보고 더 나은 방향으로 나아가야 한다는 철학적 메시지를 담고 있다.

업무에서도 이런 회고의 시간은 개인에게나 팀에게나 유익하다. 지나간 일을 돌이켜보며 고칠 점, 기억해야 할 점을 생각해 보는 것만으로도 학습이 일어나기 때문이다. 스쳐 지나갈 수 있는 경험을 자신의 것으로 새기게 한다. 실제로 업무 회고의 유익성에 대한 다양한 연구 결과도 있다. 구글 프로젝트 연구에서는 대화를 통해 업무 회고를 함께한 팀의 업무 성취도가 평균 35% 더 높아졌고, 갤럽(2023)의 조사에서는 스트레스 수준이 평균 23% 낮아졌다고 발표했다. 마이크로소프트 개발팀의 시범 연구(2019)에서는 실수 감소율이 41% 증가하고, 고객 불만 사항은 이전 대비 28% 감소했다고 발표했다. 그 외에도 의사 결정 소요시간을 단축시키고 의사 결정력을 끌어올리는 등, 개인과 조직의 성과 향상에 기여함을 다양한 연구 결과가 증명하고 있다.

하지만 단순히 실패담을 공개하거나 자아비판의 시간으로

만 끝나지 않으려면 그 이상의 인사이트와 교훈이 있어야 하고, 추후 지속적인 팔로우업까지 이루어질 수 있어야 한다. 사소한 것이라도 어떤 고민이 있었고, 무엇을 배웠으며, 무엇을 기대했는데 결과는 어떠했는지 탐구할 생각의 주제가 주어진다. 혼자서도 좋지만, 동료들과 함께하는 것이 더 좋다. 타인과 공유할 때 기억을 강화시키고, 서로의 성장 속도를 끌어올릴 수 있기 때문이다.

회고의 레버리지 법칙

레버리지 법칙은 투자에서 수익을 내는 활동에 사용되는데, 기본적으로 작은 힘을 사용하여 큰 효과를 얻는 지렛대의 원리와 동일하다. 지렛대의 원리를 발견한 고대 수학자 아르키메데스(Archimedes)는 "나에게 지렛대와 지탱할 장소만 준다면, 나는 지구도 움직일 수 있다"고 말했는데, 이 말은 지레를 이용하면 작은 힘으로도 아주 무거운 물체를 쉽게 움직일 수 있음을 비유한 것이다(지레는 지렛대를 받쳐 고정시키는 받침점, 지레에 힘을 가하는 힘점, 지레가 다른 물체에 힘을 미치는 작용점으로 구성된다). 지레는 지렛대의 받침점과 작용점까지 거리가 짧을수록 적은 힘으로 들어 올릴 수 있다. 이 원리를 알면 적은 힘으로도 무거운 물체를 들어 올릴 수 있는데, 이런 회고의 시간은 받침점과 힘점의 거리를 확보하게 한다. 이는 곧 성장의 레버리지를 사용하는 것과 동일한 효과를 발휘한다.

이렇듯 같은 연차, 동일한 대우, 비슷한 환경으로 인한 비슷한 경험을 했다 해도, 그 경험에서 배운 것을 다시 내게 채우는 회고의 작업은 개인의 성장 가속도를 엄청나게 높인다. 그래서 나는 채용 인터뷰 때 '무엇을 했는가'보다 '그 일을 통해 무엇을 느꼈고, 배웠고, 어떻게 했는지'를 더 집중해서 묻는다. 통상적으로 비슷한 연차는 비슷한 일과 경험을 한다. 산업군만 다를 뿐, 광고의 속성에 따른 업무들은 비슷하기에 무엇을 했는지가 아닌 구체적으로 어떻게 했는지를 질문하면 비로소 거기에서 차이가 드러난다. 비슷한 일을 했다 해도, 그 소화 방식에 따라 역량의 결이 달라진다.

바쁜 일상에서 회고의 시간을 별도로 갖는 것은 또 하나의 부담이 되기도 한다. 지나간 시간을 복기하며 배움을 챙기는 시간은 '귀찮음과 급하지 않음'의 얼굴을 하고 있기에 '나중에'라며 뒤로 미룰 만한 이유를 주곤 한다. 하지만 아무리 좋은 경험을 하고, 일을 많이 해도 그냥 놓아 두면 스쳐 지나갈 수 있는 것을 다시 내 것으로 만드는 것만큼, '일잘러'를 소망하는 마케터가 양보할 수 없는 영역이다. 회고는 어쩔 수 없이 평가를 포함하게 되는데, 내가 나를 평가할 때 일과 나를 구분해야 한다. 비단 이번에 무언가 놓쳤다고 해서 내가 늘 놓치고 실수하는 사람이라는 뜻은 아니다. 그 일을 이번에 놓쳤을 뿐인 것이다. 이렇게 일과 나를 분리해서 객관적인 평가를 할 수 있게 되면 타인의 평가에 대해서도 수용력이 증가하고, 긍정적인 전환이 가능하다.

회고를 하다 보니 마자이너가 되다

우리 회사에는 카피라이터가 없다. 기획과 카피를 잘하는 '마케라이터', 디자인을 잘하는 '마자이너'가 있다. 각 역할에서 겪는 시행착오와 노하우 등을 다양하게 교류하고, 카피, 기획, 디자인 각각의 능력보다 마케팅 목표를 달성하기 위한 문제 해결력에 집중하다 보니 생기게 된 새로운 직종이다. 회고를 통해 얻는 것은 새로운 지식이나 다양한 정보도 있겠지만, 가장 값진 수확은 일의 깨달음이다. "저 사람은 그 상황에서 저렇게 처리를 했구나. 나라면 어땠을까?" 마주치는 다양한 일 가운데 크고 작은 깨달음이 내 것이 되는 순간, 남들과 작은 차이를 만들고, 그 차이가 결국 그 사람의 강점이 된다. 알게 된 것을 적용하는 습관은 일머리를 길러 준다. 마케터의 실력도 결국은 주어진 모든 일을 잘할 때 따라온다. 마케팅보다 먼저 일 자체를 잘하면 된다. 예를 들어 마케터는 일할 때 PC로 콘텐츠를 작업하지만, 고객은 모바일로 콘텐츠를 소비하므로 항상 모바일로 다시 테스트 한다거나 모바일로 컨펌을 요청할 때는 워드나 엑셀 문서가 보기 불편하니 요약 이미지를 올리고 PDF로 변환해서 발송하는 등, 이런 사소한 모든 것을 '잘'해 나갈 때 센스 있는 마케터, 일 잘하는 마케터로 성장하게 된다.

마케터의 노트 ⑳

생각의 한 페이지를 채워 보자

1) 나는 일상 생활 속에서 지나간 환경을 반추하며 성찰할 시간을 특별히 중요하게 여기고 있는가, 아니면 소홀한가? 개인 차원에서 어떻게 이 시간을 확보할 것인가?

2) 팀 차원에서 타인의 경험과 회고를 통해 나는 무엇을 간접 경험하고 배우고 있는가? 나에게 어떤 영향을 주었고, 그것을 내 업무에 어떻게 반영할 것인가?

이 질문들은 마케터들이 회고의 필요성을
다시 생각해 보고, 회고를 통해 실질적인
유익을 얻을 수 있도록 유도할 것이다.

마케터의

198

마케팅에 '정답'은 없다

일곱 번째 질문
진정한 차별화란 무엇이라고 생각하시나요?

H   『대답만 했을 뿐인데 회사가 살아났습니다(e비즈북스)』라는 책을 읽고 있는 중이에요. 회사 지정 필독서이기도 한데, 무척 공감되는 점이 많더라고요. 이 책의 제목만 봐도 내용을 짐작할 수 있어요. 고객이 물어보는 것에 대답만 잘해도 비즈니스에서 성공할 수 있다는 내용이에요.

많은 기업이 착각하는 것 중 하나는 우리가 남들과 다르다는 점이에요. 하지만 현실을 직시하면 우리는 전혀 특별하지 않다는 걸 알게 돼요. 저자는 자신이 성공할 수 있었던 가장 큰 이유로 소비자와 구매자의 신뢰를 얻는 데 성공한 점을 꼽아요. 저자는 이제 기업들이 현실을 받아들이고 '남들과 다르다'는 생각에 연연

성장법

하지 않아야 한다고 말해요. 오히려 근본적으로 우리는 똑같다는 사실에 집중했을 때 엄청난 일들이 가능해진다고 이야기하죠. 그래서 기본으로 돌아가야 한다, 신뢰가 중심이라는 점을 강조해요.

예를 들어, 고객들이 궁금해 하지만 회사에서 대답을 꺼리거나 노출을 꺼리는 부분들이 많다고 저자는 이야기해요. 중고차의 경우, 고객들의 잠재적인 페인 포인트는 가격이라는 거예요. 그런데 이 가격이 자꾸 협상과 할인이라는 과정을 거쳐야 한다면, 그 자체가 페인 포인트가 되는 거죠. 이 책에서는 중고차지만 정찰제를 도입하고, 가격을 공개하며, 협상이나 할인 없이 비즈니스를 운영하는 방법을 제시하고 있어요.

결국 차별화를 강조하기보다는 기본으로 돌아가 고객과 신뢰를 쌓고, 고객들이 진짜 고민하는 부분들을 해결하라는 메시지를 전하고 있죠. 사실 스몰 브랜드도 그렇고, 차별화 포인트를 찾기 위해 애쓰는 경우가 많잖아요. 그런데 이 책은 '당신의 기업이 정말 다른 게 맞아?'라고 질문을 던지고 있어요. 이런 차별화에 대한 여러분의 생각도 한번 들어 보고 싶습니다.

물론, 차별화가 불필요하다는 말은 아니에요. 저자는 고객들이 물어보는 것에 대답하고 이를 콘텐츠로 만들어 자연스러운 트래픽으로 이어지게 해야 한다고 말해요. 이런 프로세스가 우리 회사가 하는 일과도 부합되는 생각이거든요. 결국 기본을 차별화해야 한다는 얘기인데, 고객들의 문제점에 집중하라는 이야기가 핵심이에요.

K   제가 제안서를 정말 많이 쓰는데, 그때 본질에 관한 이야기를 자주 하게 돼요. 그래서 본질과 차별화를 저는 거의 같은 개념으로 사용하고 있다고 생각하거든요. 이 책이 본질을 강조하는 것 자체가 차별화를 말하고 싶어서가 아닐까 하는 생각이 들어요. 브랜드의 콘셉트라는 것 자체가 명확해야 하고, 본질적이어야 하며, 일관성을 가져야 한다는 건 기본이라고들 생각하잖아요. 그래서 제가 듣기에는 이 두 단어가 거의 같은 의미로 다가오는 것 같아요.
      많은 책이 "멋진 차별화를 해야 한다. 아니면 본질적이어야 한다" 이렇게 두 가지로 나눠 이야기하잖아요. 그런데 제가 듣기에는 똑같은 말처럼 느껴져요. 저는 사실 마케팅에서 차별화가 무엇보다 중요하다고 생각해요. 그리고 차별화를 위해 "먼저 본질을 생각해 보자"라고 말하는 거죠. 그래서 아무리 저한테 "차별화를 만들어 주세요" "본질을 발견해 주세요"라고 해도 같은 의미로 들린다는 거예요.

H   사실 이건 뭔가 답이나 결론이 정해져 있는 내용은 아닌 것 같아요. 마케팅이든 브랜딩이든 결국 기본적으로 고객의 문제

를 해결해 주는 일련의 과정이라고 할 수 있으니까요. 그런데 본질을 놓친 다른 활동을 하면서 "우리 기업은 달라" "우리는 차별화돼 있어"라는 착각을 하기 쉽다는 거죠.

Y   만일 새로운 신제품 샴푸가 나왔다고 가정해 볼게요. 정말 똑같은 샴푸가 나왔는데, 이건 용기가 원래 검은색이었는데 노란색으로 바꿨다고 해서 차별화된 건 아니잖아요.

S   저도 이런 논의에 너무 공감되었던 게, 차별화를 위한 차별화가 아니라 고객들이 원하는 본질적인 포인트를 찾아야 한다는 부분이었어요.

H   예전 클라이언트가 '성분을 천연으로 바꾸면 차별화된다'고 하더라고요. 물론 좋은 원료를 쓰는 건 중요하지만, 요즘 소비자들이 성분만 달라진 라벨로 감동받는 시대는 아니잖아요. 그래서 고민이 되었죠. 이게 진짜 차별화일까? 아니면 그냥 차이일까? 라고요. 성분은 도구일 뿐 본질은 결국 사람의 마음을 어떻게 움직이느냐인데, 결국 본질적인 차별화는 성분 그 자체보다 왜 이 성분이 당신에게 필요한가를 설득할 수 있어야 의미가 있지 않을까요?

S 　　맞아요. 요즘은 성분이 좋다는 건 기본값이에요. '왜 그 성분을 썼는지' '어떤 사람을 위해 어떤 경험을 줄 수 있는지'까지 설계돼야 소비자들이 반응하죠. 그래서 요즘은 '기능'보다는 '서사'가 더 중요하다고 느껴요. 그냥 "천연성분입니다"보다 "아이와 함께 써도 괜찮습니다" 같은 메시지가 더 오래 남거든요. 차별화는 결국 '차이'보다 '의미'에서 출발해야 지속 가능하니까요. 무엇을 했느냐보다 왜 했느냐를 말할 수 있어야, 성분조차 스토리가 되고 차별점이 될 수 있죠.

문수정 　본질을 망각하고, 차별화를 위한 차별화의 늪에 빠진 사례가 생각나네요. 하인즈에서 구원 투수로 등장시킨 보라색 케첩 말이에요. 미국에서 케첩 점유율 70%를 차지하던 하인즈가 2000년대 초 점유율이 40%로 떨어지자 아동 소비자를 겨냥한다는 차별화 포인트로 녹색과 보라색 케첩을 판매하기 시작했죠. 처음에는 파격적인 색깔에 일시적인 호기심으로 점유율이 상승하는 듯 보였지만 이내 징그럽다는 인식으로 변했고, 결국 빨간색 케첩의 인식을 뛰어넘지 못하고 단종되어 버린 사례 말이에요. 보라색은 식욕을 떨어뜨리는 컬러로 맛의 시각적 효과를 주는 식자재의 본질을 지키지 못한 결과죠.

Y   우리는 마케팅을 하면 4P°를 먼저 떠올리잖아요. 하지만 3V라는 개념을 말하는 책도 있어요. 가치 창출을 위해 어떤 가치를 제안할 수 있는지(Value Proposition), 그러한 고객에게 접근하기 위해 어떤 네트워크를 가지고 있는지(Value Network), 어떤 고객에게 접근할 수 있는지(Value Customer)를 이야기하는 거죠. 사실 4P도 1960년대에 생겨난 개념이잖아요. 그런데 이제는 완전히 고객 그 자체에서 비즈니스를 시작해야 한다는 생각이죠.

K   우리가 지금 이런 토론을 하는 이유는 결국 마케팅의 성공을 위해서잖아요. 저는 광고 대행사에서 일한 지 7년째라 브랜드의 입장을 정확히 알지는 못해요. 그분들이 저에게 털어놓는 고민을 바탕으로 업무를 하고 있으니까요. 그런데 결과적으로 보면, 진짜 고객들이 뭘 원해서 그걸 해결해 주고 싶어 하는 브랜드는 거의 없었던 것 같아요. 대부분 "우리가 이런 가치를 가지고 있는데 그걸 각인시키고 싶어"라는 브랜드가 90%가 넘는 것 같아요. 그래서 우리가 하는 일은 아이디어를 내고 광고를 해서 어떻게든 사람들이 사게끔 만드는 거예요. 본질 자체는 너무 중요하긴 하지만, 마케팅을 위해 본질이 과연 중요할까 하는 생각이 들기도 해요.

○   마케팅의 4P는 제품(Product), 가격(Price), 촉진(Promotion), 그리고 유통(Place)의 4가지 주요 요소를 말하는데, 제롬 맥카시(E. Jerome McCarthy)가 1960년대에 제안했으며, 필립 코틀러(Philip Kotler)와 같은 학자들에 의해 널리 보급되었다.

마케터의

문수정 우리가 가지고 있는 가치를 각인시킬 것인가, 고객의 진짜 니즈를 해결해 줄 것인가는 둘 중 하나만 선택해야 하는 문제가 아니라 반드시 함께 고민해야 할 문제라 생각해요. 고객은 진정 원하는데, 우리가 가지고 있지 않은 가치를 제안한다면 그건 거짓 약속이 될 것이고, 반대로 고객이 원하는 것과 별개로 우리가 가진 가치만을 제안한다면 그건 공감을 얻지 못하겠죠. 결국 고객이 원하는 가치를 우리가 가지고 있는 가치와 연결하는 그 소구점이 유레카 포인트가 되는 것이고, 그것을 찾는 것이 올바른 마케팅의 시작이 되겠습니다.

H 본질을 생각하는 브랜드는 굉장한 팬덤을 가지고 있어요. 개인적으로는 룰루레몬은 '건강한 라이프 스타일'이라는 본질을 전파하려는 일에 진심이더라고요. 예로 룰루레몬은 매장에서 일하는 사람들을 에듀케이터라고 불러요. 이 사람들은 기본적으로 운동하는 사람들이에요. 그들에게 주는 혜택도 본인들이 참여할 수 있는 운동 프로그램을 제공하는 것들이고요. 그래서 고객을 응대할 때도 첫 멘트가 "뭐 사러 오셨어요?"가 아니라 "무슨 운동하세요?"예요. 이렇게 교육을 받고 있으니까요.

문수정 룰루레몬이 단순히 디자인의 독특함이나 소재의 품질

정도로 가치를 제안을 했다면 지금처럼 독보적인 운동복 브랜드로 자리잡기 어려웠을 거예요. 향후 지속 가능성은 이 브랜드가 가진 과제겠지만 현재로서는 기존 카테고리에서 새로운 이미지로 다가선 대표적인 브랜드라고 생각합니다.

마케팅 차별화에 대해 이야기할 때, 많은 전문가가 각기 다른 관점을 제시하죠. 필립 코틀러는 그의 저서에서 마케팅 차별화를 '시장에서 경쟁자와 구별되는 독특한 위치를 차지하는 것'으로 정의합니다. 이를 위해 제품의 디자인, 품질, 고객 서비스 등 여러 요소를 고려해야 한다고 강조하죠.

한편, 세스 고딘(Seth Godin)은 『보랏빛 소가 온다(쌤앤파커스)』에서 차별화의 중요성을 '주목받는 것'과 연결 짓습니다. 그는 시장에서 눈에 띄기 위해 단순히 다른 것이 아닌 '주목할 만하게 다른' 것이 되어야 한다고 주장합니다. 예를 들어, 특이한 디자인의 제품이나 이색적인 광고 캠페인이 바로 그런 예시죠.

또한, 마틴 린드스트롬(Martin Lindstrom)은 『브랜드 센스(블랙피쉬)』에서 감각 마케팅을 통한 차별화의 효과를 설명합니다. 소비자들이 브랜드를 경험할 때 오감을 모두 활용하면, 강렬한 브랜드 이미지를 남길 수 있다고 이야기합니다. 예를 들어, 커피 맛보다 커피 향과 매장의 편안한 분위기를 통해 차별화를 꾀하는 경우죠.

이처럼 차별화는 다양한 형태로 나타날 수 있겠지만, 공통적인 핵심은 우리 브랜드를 경쟁사와 구별할 수 있게 만드는 핵심 요소라는 것이죠. 이제는 이것이 한 가지의 단순 요소가 아닌 복합적인 요소로 작동한다고 봅니다.

즉, 예전에는 경쟁사와 확실하게 구분되는 이유를 앞세워 차별화를 꾀할 수 있었다면(판매 가치 제안, USP: Unique selling point), 이제는 경쟁사와 구별되는 이유와 더불어 감정적인 연결이나 일관된 브랜드 경험까지 모든 요소들이 적절히 조화를 이루었을 때 시장에서 진정한 차별적 브랜드로 인식될 수 있다고 봅니다 (고유한 가치 제안, UVP: Unique Value Proposition).

경쟁사와 구별되는 이유로서 제품의 본질적인 기능은 필요조건입니다. 왜냐하면 상향 평준화되어 소비자의 기대치가 높아진 요즘 그 기대치를 충족시키지 못하면, 이후 어떤 마케팅 노력도 소비자의 실망감을 만회하기 어려울 테니까요. 초반에 언급했던 '문제해결'적 관점이죠. 병원에서 치료를 못해 낫지를 않는데, 아무리 친절해도 다시 갈 리가 없어요. 맛이 없는데, 포장지가 독특하다고 계속 사 먹을 확률은 희박합니다. 결국 진정한 마케팅 차별화를 위해서는 본질적 욕구의 해결이라는 '결과 요소'와 함께 브랜드 스토리, 디자인, 감성적인 서비스 등 사용하면서 얻어갈 '경험 요소'까지 담아 내는 게 중요합니다. 본질적인 기능에서 고객과의 더 깊은 연결이 가능한 +a의 가치를 어떻게 충족시키는지가 중요하겠죠. 단순한 차별화보다는 진정성 있는 차별화, 본질적인 가치보다는 본질적 가치 +a의 가치라고 표현하고 싶네요.

　　마케터들이 차별화를 추구하면서 종종 빠지기 쉬운 오류들이 있어요. 마케터들이 때때로 제품이나 서비스의 차별화된 점을 과도하게 강조할 때가 있습니다. 이는 소비자에게 현실과 동떨어진 기대를 줄 수 있고, 결과적으로 실망감을 초래할 수 있죠. 차별화는 현실적이고 검증 가능한 이점에 기반해야 합니다. 독특함이나 특이함 따위에만 집중한다면 첫 호기심 그 이상으로 반응이 유지되기는 어려울 것이니까요. 그리고 초기에 차별화에 성공했다 하더라도 지속적인 혁신과 개선 없다면 경쟁자들에 의해 쉽게 모방될 수 있어요. 예전에 천편일률적인 병원 마케팅과 다르게 뾰족한 콘셉트를 바탕으로 브랜딩과 마케팅을 전개한 적이 있어요. 반응이 좋았고, 나중엔 제가 만든 홈페이지를 똑같이 모방한 홈페이지도 봤어요. 그래서 차별화는 한 번의 노력으로 끝나는 것이 아니라, 지속적인 개선과 혁신이 필요해요. 이렇듯 무엇을 차별화할 것이냐와 더불어 전달 방식도 고려해야 합니다. 차별화는 본질을 기반한 가치가 명확하게 정의되고, 타깃 고객에게 의미 있는 방식으로 전달되며, 지속 가능해야 완성될 수 있습니다.

여덟 번째 질문
결국 '마케팅'의 본질은 뭐라고 생각하세요?
어렵지만 이 일을 해내야만 하는 이유가 궁금해졌어요.

H   저는 이런 의문이 스스로 들 때마다 『마케팅 천재가 된 맥스(위즈덤하우스)』라는 책을 찾아 읽어요. 마케팅 책이긴 한데 이야기의 배경이 이른바 고인돌 시대거든요. 어느 날 주인공이 돌로 된 바퀴를 개발해요. 하지만 사람들이 그 쓸모를 몰라주는 거예요. 아무리 좋은 걸 개발해도 팔지를 못하니 무쓸모인 거죠. 하지만 주인공이 이 돌로 된 바퀴의 쓸모와 가치를 전달하는 과정을 그리고 있어요. 결국 이 책이 말하고 싶은 건 그거예요. 마케팅의 본질은 그 어떤 현란한 이론이 아니라 누군가의 필요와 욕망에 가 닿는 것이라는 이야기죠.

K   아, 그 이야기 저도 기억나요. 결국 아무도 알아주지 않는 발명은 '결과'로 존재할 수 없잖아요. 마케터는 그 가치를 보여주는 사람, 이야기로 연결해 주는 사람인 것 같아요. 그게 단순히 "좋다"라고 설명하는 게 아니라, '왜 이게 당신에게 필요한지'를 공감의 언어로 번역하는 일이죠.

성장법

H   맞아요. 사실 많은 브랜드가 기능은 뛰어난데, 그걸 사람들에게 어떻게 전해야 할지 몰라 헤매는 걸 봐요. 그럴 때 마케터가 필요한 거죠. 무언가를 만드는 사람과, 그것을 받아들이는 사람 사이를 연결해 주는 존재. 저는 그걸 '사용자의 눈으로 세상을 바라보는 훈련'이라고도 생각해요. 그래서 마케팅은 제품 중심이 아니라 '사람 중심의 사고'로 가야 한다고 생각해요.

결국 우리가 하는 일은 브랜드를 돋보이게 하는 게 아니라, 사람이 자신의 문제를 발견하고, 그걸 해결할 수 있도록 돕는 일이니까요. 바퀴를 만든 사람보다, 그 바퀴로 무거운 짐을 덜 수 있다고 말해 준 사람이 더 큰 임팩트를 남기잖아요.

Y   누군가 마케팅과 브랜딩의 차이에 대해서 이렇게 표현했는데 굉장히 공감이 갔어요. 마케팅이 '물건을 파는 행위'라면 '브랜딩'은 그 물건을 만든 회사나 사람 자체를 좋아하는 데까지 나아가는 것이라는 표현이요. 결국 제품이나 서비스를 넘어 누군가의 사랑을 받는 데까지 나아가는 게 궁극의 마케팅 아닐까요?

S   동의해요. 그런데 어떻게 하면 제품력을 넘어 그 브랜드를 사랑하는 단계까지 갈 수 있을까요?

마케터의

Y   어떤 브랜드를 사랑하게 만드는 건 단순히 물건을 팔거나 이름을 알리는 것이 아니라, 사람들의 마음에 작은 이야기를 심는 일이겠죠. 결국 진짜 기억되는 건 물건이 아니라 그 물건과 함께한 시간들이니까요. 그래서 '필요한 걸 만든다'와 '필요하게 느끼게 한다'는 완전히 다른 차원이에요. 그런 면에서 마케터란 인문학적 소양을 가진 칼을 든 무사 같다는 생각이 들어요. 언제나 사람들의 마음을 얻고 선택받기 위한 '최전선'에 있어야 하니까요.

H   그래서 저는 이 직업이 좋아요. 제가 밤새 고민한 결과가 시장에서 매출로 이어지고, 누군가에게 신뢰받는 브랜드로 자리 잡게 한다는 게 너무 보람 있거든요. 물론 잘 안될 때는 밥도 제대로 못 먹는 일이 허다하지만요.

S   애증이 없는 마케터가 있을까요. 수시로 변화하는 마케팅 환경과 진화하는 고객의 니즈에 매일 좌절하고, 일어서기를 반복하는 것이 마케터의 일이죠. 저는 한 가지 목표가 있어요. 적어도 이 직업을 갖고 있는 동안은 현장을 떠나지 않겠다. 즉 최전선에서 물러나지 않겠다는 각오예요. 싸우다 죽을지언정 도망가진 않겠다…. 뭐 그런 각오가 있어야 내일 다시 출근할 수 있을 것 같은 생각이 들거든요.

성장법

문수정　브랜드가 정말 다양해지면서 소비자들은 단순한 기능적인 이유가 아닌 자신의 가치관과 얼마나 일치하고, 정서적으로 어떻게 연결되는지, 사회적인 책임에 대한 브랜드의 생각까지도 고려하며 브랜드를 선택하기 시작했어요. 소비자의 태도가 변화한 것이죠.

　　　앞에서도 반복해서 이야기했지만 경쟁이 점점 더 치열해지고 시장이 포화 상태에 이르면서, 기업들은 단순한 기능이나 가격 경쟁을 넘어서 소비자와의 깊은 관계를 구축해야 할 필요성을 절실히 느끼고 있어요. 고객을 더 깊이 있게 이해하고 다가가지 않으면 마음속에 자리하기 더 어려운 요즘입니다.

H　　맞아요, 잘 아시다시피 나이키는 고객이 자신의 한계를 극복하도록 격려하는 메세지를 일관되게 전달하죠. 그래서인지 광고 영상을 보면서 울컥할 때가 있어요. 어떻게 저렇게 내 마음을 잘 읽고 있는지…. 고객에 대한 깊은 이해가 매우 중요해요.

Y　　반면 공감은커녕 고객에 대한 깊은 이해없이 사회적 이슈를 활용해 주목받고 마케팅에 활용하려다 실패한 사례가 있죠. 2017년 도브는 바디워시 제품 광고로 한 흑인 여성이 티셔츠를

벗고 나서 백인 여성으로 변하는 모습을 표현했습니다. 사람들은 광고가 피부색이 밝은 사람이 더 바람직하다는 인종차별적 메세지를 전달한다고 느꼈죠. 도브는 즉시 광고를 철회하고 공개적으로 사과했으며, 상당한 논란을 불러일으켰습니다. 홍보의 효과성만 생각했지 고객의 다양성이나 관점, 감정을 깊이 파악하지 못한 결과이죠. 이렇게 소비자를 기만하거나 존중하지 않는 마케팅 활동은 반드시 실패합니다.

문수정 결국 마케팅의 본질은 일시적으로 판매나 인지도를 높이는 활동이 아닌 고객과 기업 모두에게 이익이 되는 가치를 만들어가는 활동이어야 해요. 기업이 고객의 피드백과 요구를 적극적으로 반영해서, 제품과 서비스의 품질을 지속적으로 개선시키면 고객은 더 나은 사용 경험을 제공받습니다. 그들의 일상생활에 실질적인 가치를 더하는 것이죠. 이렇게 마케팅 전략이 고객의 이익을 중심으로 할 때 고객과 강력한 신뢰 관계를 구축할 수 있습니다. 고객과 신뢰 관계가 구축되면 충성도가 높은 고객의 구전으로 기업은 긍정적인 브랜드 인지도와 이미지를 강화할 수 있죠.

H 브랜드의 가치가 향상되면 시장에서의 경쟁력을 높이게 돼요. 당연한 얘기겠지만 단기적인 매출 증대뿐 아니라 장기적인

수익성이 보장됩니다. 지속적으로 선순환이 가능한 비즈니스 모델이 구축되죠.

S　　　'고객과 기업 모두에게 이익이 되게 한다.' 그런데 마케팅을 하는 우리는 이 단순한 원리를 잊지 않고 있는지 모르겠어요. 이 마케팅 활동이 정말 고객에게 실질적인 가치와 만족을 주는지 되돌아보고 있는지 말이죠. 고객이 이기게 해 주고 있는지요?

H　　　'고객을 이기게 하라'는 마케팅 본질은 고객이 스스로 자신의 선택을 통해 큰 가치를 얻었다고 느낄 때, 브랜드에 대한 충성도와 신뢰가 강화되는 것을 목표로 합니다. 이는 고객이 브랜드 선택을 통해 '승리'했다고 느끼게 만들어, 결국에는 기업에게도 이득이 되는 선순환 구조를 만들어 내죠. "마케팅으로 고객을 이기게 하라!" 강조하고 싶은 문장이에요!

Y　　　중요한 건 '우리가 왜 이 일을 하는가'에 대한 생각을 놓치지 않는 것이라고 생각해요. 우리는 단순히 물건을 더 많이 파는 사람, 그 이상의 일을 하는 거잖아요. 우리가 마케팅하는 제품과 서비스를 통해서 사람들의 일상을 더 풍요롭게 할 수 있으니까. 그런 사명감이 있는 사람이라야 이 일을 계속할 수 있을 것 같

아요. 우리는 모두 고객의 삶을 다양한 측면에서 이롭게 하는 사람들이라는 것을 알아야 하죠. 그것이 마케팅의 본질이기도 하고요.

문수정 어려운 일이지만 그만큼 보람도 크다고 생각해요. 생텍쥐페리(Saint Exupery)가 『어린 왕자』를 통해서 했던 말이 생각나네요. "세상에서 가장 어려운 일은 사람이 사람의 마음을 얻는 일이란다." 어쩌면 우리가 그 어려운 일을 하고 있다는 생각이 들어요. 마음을 얻기 위해서는 고객과 열린 소통을 하거나 그들과 감성적인 연결을 한다거나 하는 것들도 있겠지만 무엇보다 가장 본질적인 것은 고객의 삶에 긍정적인 영향을 미칠 수 있어야 상호 진심으로 마음을 얻을 수 있다고 생각해요. 유익한 마케팅을 하는 우리였으면 해요. 고객에게나 기업에게나 마케터 스스로에게 모두.

　　　　매출과 고객을 바꾸는 것이 아닌 진짜 유익한 마케팅을 하자. 왠지 모르게 위로가 되는 말이네요. 다들 수고 많으셨어요. 그리고 앞으로도 같이 기쁘게 수고했으면 좋겠습니다. 이 책을 읽는 이 땅의 수많은 마케터에게도 이 말을 꼭 해 주고 싶어요. 진짜 그동안 수고 많으셨다고요. 조금만 참고 꿋꿋이 이 최전선에서 살아남아 보자, 그 말을 해 주고 싶어요.

맨몸 마케터로
산다는 것

세상은 늘 변한다. 어제의 당연함이 오늘의 의문이 되고, 익숙했던 길이 낯선 모험으로 변모하곤 한다. 마케터의 삶 역시 그렇다. 매일 새로운 시장과 마주하고, 예상치 못한 문제를 해결하며, 사람들의 마음을 움직이는 길을 찾아 나선다. 이 책은 그러한 매일 속에서 고민하고, 깨닫고, 성찰해 온 이야기를 담았다. 각각의 부분은 마케팅 현장에서 겪을 수 있는 다양한 상황과 그것을 극복하는 에피소드이지만, 때론 실패하고, 때론 성공하며 쌓인 경험을 통해 나만의 독특한 방법론이 되었다.

마케팅은 단순히 제품을 팔거나 서비스를 홍보하는 일이 아니다. 마케팅은 결국 사람과 사람 사이의 이야기이자, 사람의 마음을 움직이는 일이다. 그리고 그 첫 번째 마음은 바로 '나 자신'이다. 내가 설득되지 않으면 누구도 나를 설득할 수 없다. 내가 나를 믿고, 내 일을 사랑하며, 나의 정체성을 발견할 때 비로소 우리는 진정한 마케터로 거듭나는 경험을 한다. 이 과정에서 우리는 넘어질 때가 있지만, 중요한 것은 결국 그 모든 경험으로 인해 단단해진다는 점이다.

　우리는 맨몸으로 와서 모두 저마다의 '왜(Why)'를 찾으며 살아간다. 왜 이 일을 하는지, 왜 이 길을 선택했는지, 그리고 왜 계속 나아가야 하는지를 묻고 또 묻는다. 그렇기에 마케터로서의 여정도 끝이 없다. 그 길 위에서 우리는 새로운 질문을 마주하고, 각자의 방식으로 답을 찾아간다. 이 책 속의 에피소드들은 한 사람의 경험일 뿐이지만, 그 속에 담긴 통찰과 고민은 보편적인 진실을 담고 있다. 그것은 바로 내게 주어진 시간의 힘을 믿고, 끊임없이 질문하며, 나만의 답을 찾아가는 것이야말로 마케터인 우리가 가야 할 방향이라는 것이다. 그러니 조급해 하지 말고 당신의 속도를 지키기를 바란다. 삶의 여정은 정답을 찾기보다, 끊임없이 배우고 변화하는 과정 그 자체에 의미가 있기 때문이다. 이제 다시 질문을 던지겠다.

　"그래서 당신은 왜 이 일을 하고 있나요?"

그 답을 찾는 과정이 바로 당신만의 이야기가 될 것이다. 그리고 그 이야기는 끝이 아닌, 그 이야기로 또 다른 시작이 된다. 그렇게 나의 이야기를 하나씩 쌓아 가다 보면, 어느 순간 내가 세상에 남긴 흔적을 발견하게 될 것이다. 그 흔적이 바로 진짜 삶이다. 세상을 바꾸는 작은 물음표를 던지며, 자신의 흔적을 만들어 나갈 때 당신이 그리는 내일이, 마케터로서의 오늘을 빛나게 할 것이다.

맨몸 마케터의 성공 노트

초판 1쇄 발행 2025년 6월 4일

지은이   문수정
펴낸이   박영미
펴낸곳   포르체

책임편집   김찬미
마케팅   정은주 민재영
디자인   황규성

출판신고   2020년 7월 20일 제2020-000103호
전화   02-6083-0128
팩스   02-6008-0126
이메일   porchetogo@gmail.com
인스타그램 porche_book

여러분의 소중한 원고를 보내주세요.
porchetogo@gmail.com